JOÃO ROBERTO BASÍLIO

UM ESCOLHIDO

AUTOBIOGRAFIA

JOÃO ROBERTO BASÍLIO

UM ESCOLHIDO

AUTOBIOGRAFIA

Planeta

Coordenação editorial: Pascoal Soto
Edição de textos: Max Gimenes
Pesquisa e redação: Eduardo Belo
Revisão de textos: Tulio Kawata
Diagramação: Bia Araujo
Capa: Alexandre Ferreira

Dados Internacionais de Catalogação na Publicação (CIP)
(Câmara Brasileira do Livro, SP, Brasil)

Basílio, João Roberto
Um escolhido : autobiografia / João Roberto Basílio. — São Paulo : Editora Planeta do Brasil, 2008.

ISBN 978-85-7665-234-2

1. Basílio, João Roberto 2. Futebol - Brasil
3. Memórias autobiográficas I. Título.

07-8975 CDD-927.963340981

Índices para catálogo sistemático:

1. Brasil : Futebolistas : Autobiografia 927.963340981
2. Brasil : Jogadores de futebol : Autobiografia 927.963340981

2008

EDITORA PLANETA DO BRASIL LTDA.
Av. Francisco Matarazzo, 1500 — 3º andar — conj. 32B
Edifício New York — 05001-100 — São Paulo-SP
vendas@editoraplaneta.com.br

Sumário

Prefácio

Quando cheguei ao Corinthians, Basílio foi um dos companheiros que me acolheram com mais carinho. Enfrentar a metrópole e as dificuldades de jogar em um clube com o tamanho do Timão não era para qualquer um e ele, Basílio, já era Ph.D. no assunto. Era o atleta que determinara, meses antes, o fim de dezenas de anos sem títulos e, por isso, era um dos maiores ídolos da Fiel torcida. De alguma forma, eu era um concorrente na luta por um lugar no time, mas jamais percebi nele qualquer tipo de rejeição à minha presença. Pelo contrário, ele se aproximou de mim como a um irmão e juntos passamos muitos momentos interessantes.

O que vocês vão acompanhar neste livro é uma dissertação do que ele é como ser humano: alguém para lá de especial. Uma pessoa simples e segura que sempre enfrentou a vida com perseverança e destemor. Seu exemplo de vida poderá servir a muitos que ainda não encontraram um caminho, uma paixão. O que ele representa na história do Corinthians vale muito menos do que seu caráter e sua personalidade, que são, no meu entender, as maiores riquezas que podemos possuir.

Tenho certeza de que suas experiências, narradas aqui, são verdadeiras representações do que nós, brasileiros, somos e o que poderemos ser em um futuro bem próximo, desde que nos dêem oportunidade e estímulo e tenhamos claro que nada nesta vida é conquistado sem dificuldade.

Deliciem-se com o que vem a seguir, pois tudo o que é relatado aqui é de uma simplicidade absurda e, por culpa disso, torna-se também absolutamente emocionante. Como é o Basílio, aliás.

Sócrates

Introdução

Gol do destino

Muitos são chamados e poucos os escolhidos. Se eu tivesse de resumir minha vida em uma frase, usaria esta, do Evangelho de Mateus. Eu realmente me sinto um escolhido.

Nasci numa família humilde, porém maravilhosa. Mais maravilhosa que humilde. Fui criado com muito carinho e todo o amor. Desfrutei de praticamente todas as alegrias que uma infância pobre podia proporcionar e tive ao meu lado mãe, pai e irmãos que qualquer um pediria a Deus. Realizei meu desejo de exercer a profissão com que sonhei desde a infância — ser jogador de futebol — e nela fui extremamente feliz. Mais até do que esperava.

Fiz amigos por todos os lugares em que passei. Amizades que carrego e carregarei por toda a minha vida. Construí uma família que me enche de orgulho e felicidade. Tenho filhos fantásticos e netos maravilhosos.

Tudo isso me faz sentir um vencedor, um escolhido.

Dentre tantas alegrias, um episódio marcou para sempre a minha vida e me convenceu em definitivo de que Deus, desde o princípio, havia reservado algo muito especial para mim. Até hoje me emociono ao falar disso.

Em 13 de outubro de 1977 ganhei o maior presente que um jogador de futebol pode receber: o reconhecimento e o carinho de milhões de torcedores. Naquela noite, marquei o gol que deu ao meu time seu primeiro grande título em quase 23 anos. Seria um feito em qualquer clube, mas quis a vida que eu me tornasse herói não de um clube, mas de uma nação chamada Corinthians, paixão de milhões de paulistas e de outros tantos milhões de brasileiros.

Não acredito em coincidências. Acho que, se as coisas ocorreram dessa forma, é porque estavam programadas para ser assim. Por esses e por outros acontecimentos da vida é que me apego tanto a essa mensagem de Mateus.

Para provar que o destino tece sua trama até nas pequenas coisas, pelo menos parte do meu sucesso eu devo a outro Matheus. Vicente Matheus. O homem que decidiu me levar para o Corinthians, em 1975, com a dura missão de substituir Rivellino, o maior ídolo do Alvinegro de Parque São Jorge.

Eu já nem acreditava mais que pudesse jogar pelo clube que, desde pequeno, despertava minha paixão. Duas tentativas de transferência anteriores haviam fracassado. No mesmo dia em que seu Matheus me chamou, eu havia acertado minha contratação por outra agremiação pela qual todo jogador gostaria de passar, o Santos. Onde, até um ano antes, atuava ninguém menos que o maior jogador de todos os tempos, o rei do futebol.

Hoje analiso tudo que aconteceu nesses trinta anos e percebo claramente a mão do destino. Se eu tivesse jogado no Santos, mesmo sendo um time com mais prestígio que o

Corinthians na época, jamais teria alcançado a projeção que o Alvinegro de Parque São Jorge me deu.

Também acho que foi alguma força maior que me empurrou para marcar aquele gol e tirar o grito de campeão que se encontrava preso na garganta da fiel torcida durante 22 anos, oito meses e sete dias.

Desde a conquista do Quarto Centenário da cidade de São Paulo, em 1954, até o título do Campeonato Paulista de 1977, dezenas de jogadores envergaram a sagrada camisa do Sport Club Corinthians Paulista. Vários craques consagrados, algumas jovens promessas e muitos grandes jogadores. Todos capazes e empenhados em dar alegrias à mais calorosa torcida que um time de futebol pode ter. Tenho absoluta certeza de que todos eles tentaram acabar com o incômodo jejum de títulos. Coube a mim essa glória.

Não só a mim, claro. A conquista do Campeonato Paulista de 1977 só foi possível graças a um grupo de jogadores unido, experiente e leal. Tudo estava contra nós. Nosso adversário tinha jogadores talentosos, vinha jogando um grande futebol e nos vencera quatro vezes naquele mesmo campeonato.

As três partidas da grande final mostraram que aquela conquista tinha de ser do Corinthians. Foi tudo muito rápido e muito intenso. E com a dose exata de drama, sofrimento e tensão que só uma conquista corintiana pode proporcionar.

A jogada do gol foi dramática, chorada, difícil. De tirar o fôlego. Foram tantos os jogadores que participaram da seqüência de lances decisivos que qualquer um poderia ter marcado o gol do título. Depois de um incrível bate-rebate dentro da área, a bola, caprichosamente, caiu diante do meu pé direito para me dar um lugar na história.

Nunca esperei marcar aquele gol, mas, assim que o fiz,

percebi que minha vida mudaria para sempre. Como também mudou a história do clube. De lá para cá, o Corinthians cresceu. Aquela conquista foi o passaporte para os títulos mais importantes do time mais querido de São Paulo. Após a histórica campanha de 1977, o Timão levantou mais nove campeonatos paulistas, quatro brasileiros, duas Copas do Brasil e o primeiro Mundial Interclubes organizado pela Fifa. Dezesseis grandes façanhas em apenas trinta anos!

Ainda hoje, falar disso me arrepia. É essa emoção que eu gostaria de compartilhar com todos — corintianos ou não — agora, ao contar essa história. A minha história.

Tuta

Se alguém me chamar de Tuta ou Tutinha é porque me conhece desde a infância. Até hoje não sei ao certo quem me deu esse apelido. Acho que foi minha irmã mais velha, Maria Neide. Chovia muito quando eu era pequeno. Ainda sem saber falar direito, me referia à chuva como "tuta".

Minha mãe e meus irmãos só me chamavam de Tuta. O único que pronunciava meu nome, João Roberto, era meu pai. Nas ruas da Casa Verde, na Zona Norte de São Paulo, eu era o Tutinha. Até hoje há quem me chame assim por aquelas bandas.

Nasci em 4 de fevereiro de 1949, na rua Buquira, no bairro da Casa Verde mesmo. Quando minha mãe sentiu as contrações do parto, meu pai saiu à procura de uma parteira. Naquela época era assim. Famílias pobres tinham seus filhos em casa, com o auxílio de uma parteira. Nascimento em maternidade ou hospital era luxo, coisa rara, reservada às emergências — ou a quem tinha dinheiro.

Não era o caso da minha família. O dinheiro lá era contado. Nunca nos faltou nada, porque meus pais lutaram muito para criar a mim e meus irmãos, Neide e Ronaldo, com toda a dignidade. Mas também não havia luxo.

Minha família é de Uberaba, Minas. Meus pais mudaram-se para São Paulo em 1948, em busca de uma vida melhor. Neide, com sete pra oito anos, e Ronaldo, com seis, vieram com eles. De certo modo, eu também vim. Fui encomendado em Minas e entregue em São Paulo. Acabei me tornando o único "paulistano" da família.

Meu nome foi escolha de minha mãe. Ela era muito religiosa e devota de São João. Eu a ouvia falar muito sobre São João Batista. Esse fervor católico eu carreguei comigo. Sempre que posso, vou à igreja. Ultimamente, tenho freqüentado a de Frei Galvão, no bairro da Luz. Fiquei amigo do padre. Ele é corintiano e, acima de tudo, me deu muito conforto espiritual em um momento de necessidade.

Dona Nair, minha mãe, era dona de casa. Daquelas zelosas, preocupadas com tudo que envolvesse a família. Administrava o orçamento, cuidava da casa e queria saber de cada passo que os filhos davam.

Milton Basílio, meu pai, trabalhava como marceneiro. Excelente profissional. Até por isso mudou-se para São Paulo. Veio um pouco antes do restante da família para se estabelecer. Na década de 1940, Uberaba não oferecia muitas oportunidades para um profissional tão gabaritado. Ele sabia que na cidade grande seria mais fácil arranjar um emprego que desse conta de alimentar a mulher e os filhos.

Em São Paulo, meu pai foi trabalhar numa grande fábrica, a Móveis Itá. Ali ele ajudou a criar um dos mais populares produtos da época, a "cadeira do papai", uma poltrona que fazia enorme sucesso. Ele contava que havia concebido aquele projeto sozinho, mas nunca patenteou o produto.

Até hoje ninguém sabe quem foi o verdadeiro inventor da "cadeira do papai". Durante algum tempo, a Itá ganhou muito dinheiro com a poltrona, mas, como tudo na vida, o tempo da cadeira e da própria Itá ficou no passado.

A casa onde nasci era modesta e problemática. Tinha só um quarto e cozinha. No período de chuvas, inundava. Lembro vagamente dessas ocasiões. Normalmente, Neide tentava me controlar em cima da cama, enquanto Ronaldo, papai e mamãe procuravam tirar a água de dentro da casa.

Pouco tempo depois, mudamos para uma casa melhor, na rua Castro Pereira, bem pertinho da rua Buquira. Era outra casa simples, com água de poço, só que bem melhor que a primeira. Agora tínhamos um pouco mais de espaço no quintal e algumas árvores frutíferas. Uva, mexerica, laranja, limão, banana.

Depois, fomos para outra casa, na rua Ouro Grosso, também ali nas imediações. Uma rua que nem asfalto tinha. Hoje, quem passa por lá nem desconfia da existência de um córrego que existe por ali. Ele foi canalizado. Está escondido sob o asfalto. Na minha infância, cansei de subir e descer aqueles barrancos brincando ou correndo para buscar a bola que a gente costumava jogar na rua e que volta e meia ia parar lá embaixo. Também lembro vagamente dos vários períodos de enchente que enfrentamos na região. Felizmente, minha nova casa estava a salvo.

Passei toda a infância e a adolescência no bairro da Casa Verde, sempre morando perto da praça Cruz da Esperança. Um lugar que marcou a minha vida e que é uma referência para mim até hoje. Ali desfrutei de alguns dos meus melhores anos.

Minha família sempre foi muito unida. Eu, como caçula, tinha todos os paparicos possíveis. Praticamente, tive duas mães. Minha irmã Neide, quase oito anos mais velha, era quem sempre cuidava de mim. Mesmo com todo o cuidado e empenho de dona Nair, era Neide quem me pajeava a maior parte do tempo.

Coitada! Não tinha vez comigo. Eu não dava sossego. Estava sempre grudado nela. Acho que ela perdeu boa parte das brincadeiras da infância por minha causa. Mas jamais reclamou.

Meu grude com Neide era tanto que a primeira palavra que pronunciei foi "Deide", uma tentativa quase perfeita de dizer seu nome. Papai e mamãe foram termos que só aprendi meses depois. Era "Deide" pra lá, "Deide" pra cá. Durante muito tempo chamei minha irmã assim.

Neide só se livrou parcialmente de mim quando cresci o suficiente para acompanhar Ronaldo nas brincadeiras de rua. Eu devia ter uns quatro ou cinco anos — e meu irmão uns dez ou onze — quando descobri a rua. E, junto, o futebol.

Desde que me entendo por gente, meu negócio sempre foi bola. Eu esperava ansioso pelas duas datas do ano em que ganhava um presente, aniversário e Natal, para pedir mais uma. Não importava se tinha outras em boas condições. Sempre queria uma bola nova.

Até meus doze ou treze anos, não pensava em bicicleta, carrinho ou outro brinquedo. Era só bola, bola, bola. Uma única vez eu encanei com um joão-teimoso, um brinquedo que já foi muito popular e nem sei se ainda existe. Era um boneco inflável com um peso na base para ficar sempre em pé. Você jogava, batia, esmurrava, mas ele sempre parava em pé.

Jamais ganhei um joão-teimoso, e talvez essa tenha sido a única grande frustração da minha infância. E nem foi tão grande assim. Sempre tive uma bola para brincar, e isso me bastava.

Quando não havia bola de verdade por perto, a gente simplesmente improvisava uma. Com meia, com papel, com o que desse. Na escola em que eu estudava, o recreio era inteiramente preenchido por uma bola improvisada, quase sempre feita de papel. Passávamos o intervalo jogando futebol. Eu era o mais fominha. Queria jogar sempre e ganhar todas.

Havia outras diversões. Uma brincadeira muito popular entre os moleques da minha época era rodar pneu. Ronaldo e eu fazíamos isso direto. A gente conseguia um pneu velho, de preferência bem careca para ficar levinho e saía rodando pela rua. Um adulto que via uma coisa como aquela achava que não fazia muito sentido, mas era diversão pura.

Um dos meus pedidos mais freqüentes era para andar a cavalo. Não um animal de verdade, mas aquela velha brincadeira de ser carregado nas costas de alguém. Ronaldo foi, por muitos anos, minha montaria preferida.

Também aproveitei bem todas as brincadeiras típicas da minha infância. Rodei pião, empinei pipa — que a gente chamava de barrilete —, brinquei de pega-pega e esconde-esconde.

Minha verdadeira paixão eram os balões das festas juninas. Daqueles pequenos, chamados de "chinesinhos", eu ganhei centenas. Embora saiba que isso é perigoso, adoro balão e festas juninas até hoje.

Cansei de subir nos telhados da Casa Verde para pegar pipas e balões. Gostava tanto que não queria me ver longe deles. Quando alguém, principalmente meu pai, fazia um balão pra mim, eu queria acender e soltar dentro de casa, para evitar que ele voasse para longe. Chorava quando tentavam me explicar que dentro de casa era impossível:

— Mas ele vai embora! Vou perder meu balão.

Muito contrariado, era convencido a soltar meus balões na rua ou no quintal. Chorava quando eles sumiam de vista, mas logo ganhava outro.

Esse apego que eu tinha pelos brinquedos provocou algumas situações cômicas. Certa vez, meu pai preparou um Judas pra gente brincar no sábado de Aleluia. Eu devia ter uns quatro ou cinco anos.

Quando ele chegou do trabalho, no sábado à tarde, o Judas estava intacto. Eu não havia deixado ninguém malhar nem pôr fogo nele. Tinha dó de estragar o boneco que seu Milton havia feito com tanto capricho.

Não entendia por que se malhava um Judas. Nem imaginava o que ele representava em relação à traição de Jesus Cristo.

Meu pai ralhou comigo. Disse que a finalidade do Judas era justamente a de ser linchado e que, se eu não concordasse com a brincadeira, ele não faria outro no ano seguinte.

Resisti enquanto pude. Foi difícil, mas finalmente me convenceram. E o velho Milton continuou caprichando nos bonecos nos anos seguintes.

Passada essa fase de apego, comecei eu mesmo a fazer balões e pipas para vender. Assim, ia juntando um dinheirinho.

No meu tempo de criança, São Paulo já era uma cidade grande, mas ainda respirava um certo ar rural. Era muito comum haver nos bairros grandes quintais com árvores frutíferas, muito verde e passarinhos.

Um dos passatempos favoritos da molecada era comer fruta diretamente do pé. Principalmente na casa dos outros. Muitos de nós tínhamos pés daquelas mesmas frutas em nossos quintais, mas o legal não era comer. Era roubar.

Ronaldo tornou-se um especialista na arte de invadir o quintal alheio para apreciar o sabor especial de uma fruta roubada. Ele era o mais velho da molecada da rua e, conseqüentemente, o líder. Nem sempre me deixava ir com ele, porque tinha medo de que eu fosse pego. Não exatamente por minha causa, mas para evitar que minha mãe ficasse sabendo. Se ela imaginasse o que andávamos aprontando, era surra na certa.

Ali nas imediações da praça Cruz da Esperança havia vários terrenos repletos de pés de laranja, caqui, pêssego, ameixa e outras frutas suculentas. Um desses quintais pertencia ao seu Calixto. Os garotos da redondeza gostavam de ir lá principalmente para apanhar pêra e jabuticaba.

Seu Calixto era um senhor meio bravo. Não dava uma fruta pra ninguém, mesmo que elas apodrecessem no pé. Também criava vacas, tinha uma pequena produção de leite, mas não dava nada. Acho que nem ele mesmo conseguia consumir tudo aquilo, mas não compartilhava.

Meu irmão me impedia de ir até o quintal desse homem, porque o seu Calixto era louco para acertar um de nós com sua espingarda de sal. Se eu me machucasse, Ronaldo teria de contar para minha mãe que a gente andava roubando fruta.

Isso não me impediu de entrar em pelo menos uma baita confusão. Estava em cima da árvore apanhando frutas em um quintal. Não lembro a quem pertencia aquela casa. O dono chegou por trás, de surpresa, me pegou em flagrante e tentou me dar um cascudo. Um dos meninos que estavam comigo deu-lhe uma estilingada com bolinha de gude pelas costas. Rachou a cabeça do homem. Eu me apavorei:

— Wilson, você matou o velho.

— Ai, ai, ai, ai!... — foi só o que ele conseguiu dizer.

Meu medo era que ele fosse contar para minha mãe. O homem chegou a ir à casa de um amigo nosso, mas eu e o Ronaldo, que também estava no rolo, demos sorte de ninguém dizer a ele onde nós morávamos. Escapamos de uma bela surra.

Dodói

Na verdade, apanhei pouco quando era criança. Embora minha mãe fosse muito severa, eu tinha duas características a me proteger. A primeira é que eu era o caçula, xodó da casa, e, portanto, tinha meus irmãos a zelar por mim. Eles faziam uma linha de defesa bem eficiente. Impediam que eu me metesse em encrencas mais sérias e encobriam meus pequenos delitos.

Eram apenas duas crianças, mas agiam com uma maturidade impressionante. Nunca se aborreceram comigo, nem com o fato de eu ser o caçula e queridinho de todos.

Eu era cheio de vontades, mas meus irmãos raramente me negavam alguma coisa. Quando chorava por alguma coisa — e eu chorava por qualquer coisa —, sempre tinha alguém para me atender.

Contam que sair de casa comigo era um tormento. Depois de um tempo, eu começava a chorar. Só parava quando voltava para casa.

Depois passei pela fase da maçã. Não chorava mais ao sair, mas enchia a paciência dos mais velhos para ganhar uma maçã. Perturbava meus pais até que alguém parasse numa barraca e me comprasse uma. Naquela época, todos os bairros de São Paulo tinham bancas na calçada. Era uma delícia. Sempre gostei de fruta. Mesmo que não fossem roubadas.

Em compensação, comida, mesmo, de verdade, não era comigo. Engraçado que, quando cresci, me tornei um bom garfo. Depois que virei atleta, comecei a me alimentar de modo mais adequado. Mas, de criança, eu fazia o possível para não terminar minha refeição. Quando dona Nair baixava a vigilância, eu aplicava um golpe.

Dos vários truques do meu repertório, o mais eficiente era o suborno. Eu dizia para Neide e Ronaldo que quem desse duas ou três boas garfadas no meu arroz levava de brinde uma porção generosa de carne. Neide, habitualmente quietinha, quase não entrava na jogada, mas Ronaldo, ao contrário, sempre foi um parceiro leal nessa artimanha. E fazia qualquer negócio por um pedaço a mais de bife.

Como a gente viajava pouco, eu gostava de visitar os parentes em Minas Gerais, de vez em quando. Nessas ocasiões, sempre dava um jeito de comer no quintal.

Pensavam que era porque eu ficava maravilhado com o ambiente rural, mas não era para apreciar a paisagem. Era para dividir a comida com galinhas e cachorros. E sem necessidade de suborno. Eu disfarçava e, se ninguém estava olhando, ia jogando a comida no chão.

Minha estratégia seria boa, se não tivesse me faltado esperteza para perceber dois detalhes que minha mãe logo notou. Quando eu saía para o quintal de prato na mão, a bicharada logo me cercava. E, para quem era tão relutante em se alimentar, eu estava comendo rápido demais.

Ela ficou de olho e um dia me flagrou jogando arroz para as galinhas. Levei uma bronca sem tamanho. E dona Nair refez meu prato e me obrigou a comer tudo.

— Come, sem-vergonha!

O segundo fator a me proteger foi a minha saúde frágil. Dos três filhos de seu Milton e dona Nair, eu era o mais dodói. Em algumas ocasiões, isso quase me impediu de jogar futebol.

Estive por um fio por volta dos quatro ou cinco anos. Eu estava jogando bola na rua, no meio de crianças maiores, quando, numa disputa, caí contra o meio-fio. A prefeitura estava começando a asfaltar as ruas da Casa Verde, e as guias das sarjetas ainda se encontravam bem salientes e largadas sobre a rua. Foi uma dor tremenda.

Voltei para casa reclamando de dor de barriga. Como eu chorava à toa, minha mãe achou que eu estava com manha. Ainda me perguntou:

— Você caiu?

— Não, não. Não caí, não, mãe.

Menti com medo de ser proibido de brincar na rua, mas aquilo poderia ter me custado caro.

Passei o dia reclamando de dor. Quando meu pai chegou do trabalho, decidiu me levar ao consultório do médico que atendia todo mundo ali no bairro. O doutor apalpou meu abdome e alarmou a todos quando disse:

— Tira ele daqui rápido. Leva pro hospital da Casa Verde.

Fui operado às pressas de uma apendicite já em estado bem avançado.

Se já dava trabalho antes da cirurgia, depois dela, fiquei insuportável. Pelo menos é o que contam meus irmãos. Mais manhoso e mais chorão. Saí do hospital com uma fome que nunca tive. Uma fome de leão. Queria comer tudo que havia jogado fora nos últimos meses.

O médico recomendou uma dieta específica para os

primeiros dias de recuperação, mas parece que as proibições têm o dom de despertar na gente o desejo de burlá-las.

Um amigo meu de infância, um japonesinho, caiu na besteira de me visitar comendo tamarindos. Eu já era louco por frutas. Quando vi aquilo, fiz o maior escândalo. Queria porque queria também.

Ninguém da família sabia se eu podia comer tamarindos. O médico não tinha sido tão específico ao passar a dieta. Na dúvida, fiquei na vontade. E continuei pedindo comida.

A fome era tanta que pedi coisas de que não gostava e não gosto até hoje.

— Me traz alguma coisa pra comer que eu tou com fome! Qualquer coisa. Pode ser jiló, quiabo. Pode trazer que eu como.

Acho que estava delirando.

Outro problema de saúde que me atormentou durante a infância foram as inflamações de garganta. Eu vivia com febre e dor. Tanto que, no início de minha carreira como profissional do futebol, os médicos aproveitaram a primeira oportunidade para me extrair as amídalas.

Ronaldo, sempre companheiro, ficou comigo no hospital Beneficência Portuguesa. Ouviu dizer que sorvete fazia bem para quem operava a garganta e comprou uma quantidade enorme de sorvete — para mim e para ele. Quando o médico viu aquilo, passou-lhe um sabão.

— Mas sorvete não é bom? — arriscou Ronaldo.

— É bom para você, não pra ele que operou.

Bronca boa, essa. Ronaldo foi "obrigado" a consumir todo o sorvete sozinho.

Ao lembrar desses episódios, eu fico pensando como as coisas mudaram. Hoje em dia, ninguém mais extrai as amídalas. A retirada não resolve o problema das inflamações e ainda facilita a entrada dos germes no organismo. Só que os médicos descobriram isso um pouco tarde. Pelo menos para mim.

Quase na mesma época da apendicite, sofri o que, na idade que tinha na época, me pareceu um grande drama. Eu tinha um cachorro vira-lata chamado Lulu. Eu o adorava. Principalmente porque ele era meu defensor número 1.

Ninguém podia chegar perto de mim que ele avançava. Ele me salvou até em algumas ocasiões que a vigilância dos meus irmãos não foi suficiente e minha mãe tentou me dar uma coça. Uma fera com os outros e uma doçura comigo. Montava no cachorro como se fosse um cavalo manso.

Minha amizade com Lulu acabou de repente. Num belo dia, fui brincar com ele, alegre, como sempre. Surpresa e decepção. Ele me mordeu e fugiu. Nunca mais o vi.

Havia um surto de raiva em São Paulo. Fui levado ao Instituto Pasteur e obrigado a tomar injeções na barriga durante 40 dias seguidos. Era dessa maneira que se combatia a raiva em pessoas: 40 dolorosas injeções na barriga em dias consecutivos. Até hoje eu passo pela avenida Paulista, vejo o Instituto Pasteur e me lembro daquele tempo.

Também não posso reclamar. Com Ronaldo, a vida foi ainda mais canina. Ao longo dos anos, além do Lulu, ele teve contato com mais dois cachorros com raiva, tendo sido premiado com nada menos que 120 injeções na barriga. O que será que ele pensa quando passa em frente ao Pasteur? Qualquer dia pergunto a ele.

De todas as doenças e machucados que tive na infância, o problema que me afligiu de verdade apareceu quando entrei na escola. Fiz o pré-primário num colégio de freiras, o Nossa Senhora das Dores. Depois fui iniciar os estudos para valer no colégio Bernardino de Campos, onde fiquei do primeiro ano primário até a segunda série do colegial.

Ao contrário de Neide, o orgulho da família em matéria de estudo, nunca fui um aluno exemplar. Eu e Ronaldo estudávamos porque víamos o sacrifício de meus pais para nos manter na escola. Eu, particularmente, gostava das aulas de matemática e de educação física — porque quase sempre tinha uma bola —, mas não ligava muito para o restante das matérias.

Mais brincava que estudava. Principalmente com bolas de papel, que a gente ficava chutando pelos corredores e na quadra da escola. Felizmente, minha mãe nunca soube disso.

Meu grande medo era ela ser chamada à escola, por algo que eu tivesse aprontado. Ficava preocupado, mas não deixava de brincar. Brincava o tempo todo, mas tentava não fazer nada muito extravagante para não cair em desgraça com os professores e a direção do colégio. Também nunca fui reprovado nem vivi grandes sufocos para passar de ano. Dava para o gasto.

Logo que comecei a estudar, passei por alguns exames, e os médicos descobriram um probleminha qualquer no coração. Não sei exatamente o quê. Comecei um tratamento no Instituto Dante Pazzanese. Não devia ser algo muito sério, porque os procedimentos eram todos muito simples, a ponto de eu não me lembrar como era esse tratamento.

Nem sei se era realmente um problema, mas isso deixou minha mãe aflita. Também me preocupou, quando me dei conta de que aquilo jogava contra o meu desejo de me tornar atleta profissional. Quando, aos onze anos, comecei a procurar clubes para treinar, minha mãe dizia que eu não poderia jogar bola por conta daquela disfunção cardíaca. Mesmo ficando preocupado, eu não entendia bem por quê. Eu vivia na rua jogando bola o dia inteiro, e ela não dizia nada. Não conseguia nem pensar em ficar sem futebol.

Não parei de pensar. Nem de jogar.

O DONO DA BOLA

Fiz muitos amigos jogando futebol pelas ruas da Casa Verde. Algumas dessas amizades permanecem até hoje. Mas grande parte da molecada da minha idade e até alguns bem mais velhos se aproximavam de mim por um motivo: eu era o dono da bola.

Como Ronaldo e eu éramos viciados em futebol, nunca faltou bola lá em casa. Em quase todas as peladas disputadas nas imediações da praça Cruz da Esperança na segunda metade dos anos 1950, a bola me pertencia. Ou ao meu irmão.

Os mais velhos contam que, quando algo não ia bem, eu me transformava. Assumia completamente minha condição de caçula mimado, botava a bola debaixo do braço e decretava:

— Acabou o jogo.

O melhor de tudo é que ninguém podia me bater. Eu era magrinho, franzino, mas tinha um irmão bem maior e mais velho para me proteger. Então, a molecada me paparicava para ver se eu mudava de idéia.

— Ô, Tutinha! Vamulá, Tutinha.

— Que isso, Tutinha? Vamos jogar aí...

Era difícil me convencer, e, com o passar do tempo, eu fui ficando cada vez mais temperamental.

Até hoje Ronaldo diz que eu ficava muito bravo quando alguém chutava de bico. Para mim, aquilo era um crime. Quando acontecia, eu, indignado, um toco de gente menor que todo mundo, me aproveitava da condição de dono da bola e tirava o sujeito do jogo. Ou o mandava jogar no gol, o que a maioria odiava.

A birra foi acabando aos poucos, à medida que eu crescia. Comecei a jogar com meninos mais velhos e, logo em seguida, com adultos. Não havia lugar para tanta frescura.

Vesti meu primeiro uniforme de um time de futebol ali mesmo na Casa Verde. Comecei jogando no Cressi, um time de várzea que reunia só molecada.

O que eu não gostava lá é que a gente tinha que carregar trave. Acho que para evitar que fossem roubadas, as traves eram recolhidas. Antes e depois das partidas, quem quisesse jogar tinha que ajudar a carregar aquelas balizas pesadas.

O campo era disputadíssimo. Muitas vezes nós chegávamos para jogar e nos deparávamos com uma partida entre duas equipes de adultos. Os times de várzea sempre tiveram dois quadros, um time A e um B, o que significa dizer que, se quiséssemos jogar, teríamos de esperar a conclusão dos dois jogos.

Eu não dormia, esperando para jogar no dia seguinte. Acordava às seis horas da manhã, ia lá com a chuteirinha debaixo do braço, e não tinha jogo. Era frustrante.

Por conta disso, resolvemos fundar nosso próprio time. Eu tinha por volta de oito anos quando a gente criou o Imirim Cruz da Esperança. Juntamos dinheiro e compramos uniformes. Nós mesmos preparamos os uniformes e começamos a marcar jogos contra outros times do bairro. Não havia campo disponível. Jogávamos ali mesmo, na rua.

O Cruz é um dos meus maiores orgulhos. Ele cresceu, virou um time de várzea muito respeitado e tem sede e campo na Casa Verde. Freqüento até hoje e sou presidente honorário.

Depois de algum tempo, arrumamos um campinho. O campo, conhecido como Matão, era de terra batida e ficava entre vários terrenos baldios, cobertos pelo mato. E, como quase tudo na Casa Verde, ficava num morro e era bastante inclinado. Um time atacava para cima e o outro para baixo.

Nessa época, começamos a jogar também no Guarani, um outro time da região. Nós nos revezávamos entre o Guarani e o Cruz. Sempre que tinha jogo marcado eu dormia mal na noite anterior, ansioso para ir logo para o campo. Só pensava em bola. Era centroavante. Queria jogar e fazer gols.

No Guarani, um senhor, o Manelão, tomava conta da garotada e organizava os jogos contra outros times da zona norte. Eu era bem pequeno, mas gostava de jogar no meio dos grandes, bem mais velhos que eu. Manelão sempre apoiava minha participação nesses jogos.

Eu me sentia realizado. De sábado e domingo, jogava futebol o dia inteiro. De manhã e de tarde. Só não jogava à noite porque campo de várzea não tem iluminação. E ainda brincava na rua toda tarde, depois da aula, nos dias de semana.

Virei alvo de comentários. A garotada e mesmo os adultos do bairro começaram a perceber meu gosto pela bola — e que eu levava jeito. Seu Jalestão, um policial gordo que morava perto de casa, parava na rua para me ver jogar. Dizia:

— Esse menino vai longe. Vai ser jogador.

Boca santa.

Eu ficava feliz em me destacar, porque na minha

infância havia muita gente boa de bola. Acho que a existência de muitos campos de várzea ajudava a fazer brotar bons jogadores. Muitos dos garotos que cresceram comigo poderiam ter se tornado atletas profissionais. Alguns, com um pouco de incentivo e algumas oportunidades, facilmente chegariam a craques.

Uma parte daquela molecada da minha infância até chegou a treinar em grandes clubes de São Paulo, mas infelizmente não me lembro de ninguém que tenha feito carreira.

Um deles foi meu irmão. Ronaldo também correu muito atrás da bola, junto comigo, pelos times de várzea. Ele era um ponta direita habilidoso, que teria lugar em qualquer grande time do Brasil, mas que não teve a sorte de conseguir um clube.

Na verdade, era eu quem ia atrás dele, nos times em que ele jogava. E aproveitava que ele tinha prestígio entre os boleiros para ir conhecendo as pessoas, fazendo amizade e cavando uma vaguinha entre os jogadores.

Nessa época, acho até que ele, com dezoito anos, já havia começado a trabalhar no centro da cidade, nos escritórios da Eletrodisco, uma grande loja que funcionava no bairro da Lapa e vendia armas, artigos para pesca, discos e equipamentos de som. Mesmo trabalhando durante o dia e estudando à noite, Ronaldo não abandonava a bola nos fins de semana.

Eu ainda era pequeno, tinha doze anos apenas, quando alguém propôs me levar para disputar uma partida na várzea.

Deve ter sido algum amigo dos tantos que o Ronaldo havia feito no futebol amador. Não lembro quem disse o que, mas ainda lembro do diálogo:

— Vamos levar o Tutinha pra jogar.

— Não, ele é muito pequeno.

— Você ainda não viu ele jogando...

Antes de me tornar jogador profissional — o que também aconteceu cedo —, essa foi uma cena que se repetiu várias vezes. Quem me conhecia, queria me pôr para jogar. Quem não conhecia, duvidava que um garoto franzino pudesse encarar uma partida entre adultos. Com um detalhe: na várzea, ninguém aliviava para ninguém. Era literalmente jogo duro.

O Cruz da Esperança passou a ter também um time de adultos. Eu ainda jogava lá com a garotada. Um dia me levaram para disputar uma partida na várzea, pelo segundo quadro, o time B, que sempre jogava a preliminar.

Geraldo Humaitá, que presidia o time na época, nunca havia me visto em campo e ainda debochou com o pessoal:

— Esse magrinho aí? Melhor nem levar.

Eu era espigado e alto. Já estava chegando perto do 1,80 metro de altura que teria quando adulto, mas era bem franzino.

Entrei para jogar de centroavante no segundo quadro. Quanto terminou o primeiro tempo, o Geraldo entrou no vestiário e me disse, sério:

— Pode sair.

Ninguém entendeu nada. Nem eu, que achei que estivesse jogando bem.

— Pode sair. Você vai jogar no primeiro quadro.

Ali mesmo, naquele momento, fiquei com a sensação de que um sonho começava a se realizar. Mesmo sem ainda saber que caminho seguir para me tornar um profissional, eu senti abrir-se para mim a porta do mundo que tanto queria. O mundo do futebol. Comecei a sonhar cada vez mais alto.

Logo estava procurando um clube.

Peneira

Eu nunca pensei em ser outra coisa na vida que não fosse jogador de futebol. Na verdade, até pensei. Mas não por muito tempo. Quando era criança, por um curto período, cogitei a possibilidade de ser cantor. Mas logo esqueci isso e coloquei uma idéia na minha cabeça. Eu não seria médico, bombeiro, engenheiro, astronauta. Queria ser boleiro profissional.

Atualmente um menino — e até uma menina — pensar isso é uma coisa normal. Principalmente quando a gente olha o salário dos jogadores. Hoje, qualquer um que seja atleta razoável vai jogar no exterior ganhando em um mês de contrato o que muito trabalhador não consegue a vida inteira dentro de um fábrica ou escritório. Na minha época, não. Jogador era malvisto. Dizer que queria viver da bola era quase a mesma coisa que chamar a si mesmo de vagabundo.

Além de jogar futebol o tempo todo, eu ouvia algumas partidas pelo rádio. Não havia jogos ao vivo na televisão. Futebol na TV começou para valer, mesmo, só depois da Copa do México, em 1970. Muitas vezes a gente admirava um jogador sem nem saber como era a cara dele.

No rádio, a narração era sempre fantasiosa. Como ninguém que não estivesse no estádio podia conferir, os locutores exageravam muito. Fora as brincadeiras misturadas à publicidade. Lembro que um locutor veterano costumava gritar "Goooooooooiabada marca Peixe!". Enganava todo mundo.

Nunca fui de ter ídolos. Fico procurando na memória, mas não consigo lembrar de nenhum jogador que vi jogar que tenha despertado em mim o desejo de ser igual ou mesmo parecido.

Queria ser eu mesmo, mas não posso negar que admirava um jogador, do qual só ouvia falar pelo rádio. Canhoteiro. Um cracaço que jogava no São Paulo.

Quando eu já era atleta federado das categorias de base, tive a oportunidade de conhecê-lo. Mais do que conhecer, joguei ao seu lado, em algumas partidas da várzea. No dia seguinte, cheguei todo feliz para o treino:

— Vocês não sabem com quem eu joguei ontem... Canhoteiro.

Claro que ninguém acreditou. Para provar, tive de chamar o Benê, que treinava comigo, para ir à várzea, torcendo para aquele craque famoso aparecer de novo no campo de terra. Felizmente, não fiquei com fama de mentiroso.

Tempos depois, ainda tive o prazer de encontrar o Canhoteiro novamente, em um jogo beneficente. Ele já estava abandonando a carreira, e eu, apenas começando.

Eu continuava a bater minha bolinha pelo Guarani e pelo Cruz da Esperança quando vários garotos da região, a maioria mais velha que eu, começaram a procurar clube para treinar. Havia muita gente boa de bola naquele grupo. Os comentários começaram logo.

— Pô, Fulano vai treinar no São Paulo.

— Beltrano passou na Portuguesa.

Também entrei na onda. Falei para os meus amigos, Sidnei e Ademir, irmãos que também tentaram a sorte no futebol:

— Acho que a gente tem condição.

E tínhamos.

Sidnei e Ademir passaram no São Paulo.

O goleiro Aguinaldo Moreira — que jogou no Santos na época do Pelé e hoje é treinador de goleiros dos times de base da Vila Belmiro — estava na Portuguesa e era um velho amigo do meu irmão.

Um dia ele me viu em campo, jogando pelo Torino, a equipe de várzea em que Ronaldo atuava todo sábado. Pelo jeito, gostou do que viu, e deu um toque no Ronaldo:

— Pô, seu irmão joga! Fala pra ele ir lá na Portuguesa fazer um teste. Vou arrumar um cartão pra ele.

Descobri em que dia seria a peneira e fui, acompanhado do Japonês, meu amigo. Aproveitei bem a oportunidade. Além de estar muitíssimo bem recomendado pelo Aguinaldo, joguei o que sabia nos poucos minutos que fiquei em campo. Fui aprovado. Essa foi, com certeza, a minha primeira grande alegria no futebol. Estávamos em 1961, e eu tinha somente doze anos.

A Portuguesa de Desportos havia começado a formar um time infantil para disputar os campeonatos do ano seguinte. O clube só tinha um atleta federado e ia escolher os demais a partir da peneira. Acabou montando uma bela equipe, que chegou inclusive a ser campeã em um dos torneios de que participou. Não me recordo bem se esse título no amador foi em 1962 ou 1963, mas lembro que fui o artilheiro, jogando como centroavante.

Só que a minha sede de bola era tanta que eu não consegui me contentar com os treinos na Portuguesa, que passaram a ser diários. Comecei a treinar também no Nacional. Naquela época, o clube da rua Comendador Souza ainda disputava a primeira divisão do Campeonato Paulista e muitas vezes dificultava a vida dos "grandes".

Praticamente na mesma época, Sidnei e Ademir me levaram para um teste no São Paulo. Também passei. O técnico, que se chamava Firmo, me perguntou:

— Você está treinando em algum time?

— Não, não. Nunca treinei em nenhum time — menti.

Eu nem sequer havia contado para os meus pais que estava treinando em clube. Saía de casa para treinar e minha mãe achava que eu estava ali por perto, jogando bola na rua.

Os irmãos Sidnei e Ademir estavam muito bem no Tricolor e insistiam para que eu continuasse treinando com eles.

— Vamos lá. O cara gostou de você.

E eu ia.

Mais tarde achei que não dava para continuar treinando no São Paulo, porque eu não tinha dinheiro para o ônibus. Mas continuei indo para o Pari participar dos treinamentos da Portuguesa. E olha que o Tricolor treinava bem mais perto da minha casa, um conjunto de campos que ficava onde hoje é o parque Anhembi, junto da marginal do Tietê. Se fosse olhar as coisas racionalmente, o São Paulo aparentemente poderia me oferecer muito mais. Era um clube mais rico, com uma estrutura maior. Mas fiquei mesmo na Lusa.

Se tivesse ido para o Tricolor, minha trajetória profissional teria sido completamente diferente. Isso se eu chegasse ao profissional. Nós que atuamos no futebol estamos carecas de ver bons jogadores simplesmente desaparecerem no começo de suas carreiras.

Para dar certo no mundo da bola, não basta ter talento. Também é preciso sorte. Sorte de ter oportunidades. De estar no lugar certo, na hora certa. E isso eu posso falar com conhecimento de causa, porque, na minha opinião, isso sempre aconteceu comigo. Se não fosse assim, talvez não estivesse aqui, contando essa história. Acho que o destino quis assim.

Para treinar na Portuguesa, eu ia de ônibus e voltava a pé. Só que não havia contado ainda para minha mãe e não tinha o dinheiro da passagem. Uma vez comentei com Ronaldo:

— Acho que não vou treinar, não.

— Como não vai treinar?

— Não tenho dinheiro para o ônibus.

Como ele já trabalhava, passou a pagar minha condução. Ronaldo era o único a saber o que eu andava fazendo. Ao conseguir uma vaga na Lusa, de certo modo eu estava realizando um pouco do sonho dele também, que desejava ter sido jogador e não teve a mesma oportunidade.

Só que nem sempre meu irmão tinha como pagar minha condução. Às vezes eu precisava afanar uns trocados da minha mãe. Normalmente, surrupiava parte do troco quando ela me mandava comprar pão ou outra coisa qualquer. Ia juntando as moedinhas para completar o valor da passagem.

Também gostava de ir ao centro da cidade, aos bancos, pagar as contas de água e de luz da casa ou fazer alguma outra coisa de que minha mãe precisasse. Quem é mais velho lembra: pagar conta não era essa facilidade que é hoje. Era preciso enfrentar a fila do banco, e nem sempre o banco que aceitava receber determinada conta ficava perto de casa.

Sempre gostei de passear pelo centro de São Paulo, ver as lojas. Quando comecei a treinar, eu ia arrumadinho fazer o que fosse preciso no centro, mas levava minha chuteira embrulhadinha. Resolvia o que era preciso e corria para o treino no Nacional.

Foi lá na Comendador Souza que acabei me dando mal. Tinha acabado de ganhar um sapato lindo, novinho. Enquanto eu treinava, alguém furtou o calçado de dentro do vestiário. Nunca mais voltei ao Nacional para treinar. O clube ainda chegou a me procurar, depois, para me inscrever, mas eu já estava registrado na Federação Paulista pelo time do Canindé. Ainda fui algumas vezes aos treinos do São Paulo, mas só me mantive fiel, mesmo, à Portuguesa. E não abandonava a várzea por nada deste mundo.

O futebol era minha primeira paixão e estava entranhado na minha vida. Treinar durante a semana e jogar na várzea aos sábados e domingos já não me bastava. Eu também queria ver futebol. Estava sempre assistindo aos treinos dos profissionais e, quando dava, ia aos estádios acompanhar os jogos.

Foi então que descobri uma segunda paixão.

Muito antes de o estádio se chamar Paulo Machado de Carvalho, eu e um grupo de garotos da Casa Verde íamos até o Pacaembu nas tardes de sábado ou domingo e pulávamos o muro para assistir aos jogos sem pagar nada.

Comecei assistindo a algumas partidas do São Paulo, acompanhando meu pai e pagando o ingresso, mas, na primeira vez que fui ver um jogo do Corinthians, fiquei absolutamente encantado. Havia qualquer coisa de mágico naquele time, capaz de arrastar aos estádios mais torcedores que qualquer outro. A massa corintiana me encantou para sempre.

— Adoro ver esse time. Olha quanto junta de gente!

Às vezes, eu faltava na escola para assistir aos treinos do Corinthians. Sem minha mãe saber, claro. Quase nunca me deixavam entrar. Então voltava para a Casa Verde e assistia ao treino do Palmeiras, que era liberado. O Verdão treinava bem perto da minha casa, mas, para mim, não tinha a mesma graça.

Quem me levava com freqüência ao Pacaembu para ver o Timão era seu Raimundo, marido de dona Dolores, nossos vizinhos na Casa Verde. O casal era amigo dos meus pais.

Raimundo era corintiano doente, daqueles contagiosos. Sempre ia ver os jogos, acompanhado das duas filhas, que também pegaram o vírus da corintianice. Quase sempre ele me chamava para ir também.

Fiquei mal acostumado. De tanto acompanhar o Alvinegro de Parque São Jorge, eu já não achava mais graça em assistir às partidas de outros clubes. Quando alguém me convidava para me aventurar pelos muros do Pacaembu e não era o Timão que estava em campo, eu rapidamente arrumava uma desculpa.

— Não vou, não. Minha mãe está me marcando em cima. Ela está de olho.

Se fosse jogo do Corinthians, eu dava logo um jeito.

Anos depois, Raimundo chegou a me ver jogar pelo Timão. Ele havia se separado de dona Dolores e se mudado para longe. Perdemos o contato, mas ele conseguiu me mandar um recado por intermédio da família. Fiquei emocionado quando soube que ele se sentia realizado ao me ver no clube que ele amava tanto.

Quando cheguei à Portuguesa, o técnico do infantil era o Ipojucan, um alagoano que havia feito sucesso como meia-armador no Vasco da Gama, onde jogou até 1957, e na Portuguesa.

Diziam que, como jogador, ele havia sido muito competente e dedicado. Então, como treinador, era igualzinho. Muito detalhista e exigente, Ipojucan era uma das criaturas mais generosas que já passaram pelo futebol brasileiro. Entre suas várias virtudes, uma das maiores era saber dividir seus conhecimentos com os mais jovens.

Ele me ensinou a bater na bola, a me posicionar. Obrigava os canhotos a chutar com a direita e os destros a treinar a esquerda. Antes dele, meu pé esquerdo era cego. Depois de passar por suas mãos, tornei-me capaz de concluir uma jogada com os dois pés, o que foi extremamente importante na minha carreira.

Ipojucan também era uma espécie de segundo pai da garotada. Pegava no pé e não deixava ninguém sair da linha. E tinha um sexto sentido terrivelmente aguçado. Sempre sabia quando alguém aprontava fora do clube. Inclusive eu. Não poupava ninguém da bronca, mas também sabia incentivar.

— Você vai vencer, moleque — ele me dizia.

Foi ele quem começou a me chamar de Basílio. Aprendi muito com esse cara. Na época em que ele dirigia a Portuguesa, o Luisinho Pequeno Polegar dirigia as equipes de base do Corinthians. O Palmeiras tinha no comando técnico outras pessoas que tinham sido jogadores. O Santos também. Todos os clubes se preocupavam em colocar nas categorias de base alguém que já tivesse experiência como jogador e que soubesse passar essa experiência para a garotada.

Acho que é por isso que tínhamos jogadores com habilidade. Por causa do aprimoramento que se conseguia com esses treinadores. Infelizmente, essa prática já não é mais tão comum nos grandes clubes.

Jamais imaginei que fosse chutar com a perna esquerda, mas logo peguei o jeito com o trabalho feito pelo treinador, a partir de um simples treino. Era uma coisa gostosa. Um jeito fácil de aprender.

Ipojucan fazia questão de levar o trabalho a sério. E

quando bobeei e deixei por alguns momentos a seriedade de lado, enfrentei minha situação mais delicada com ele.

Os times daquela época jogavam muitos amistosos. Principalmente as categorias de base. O calendário de competições não ocupava o ano inteiro, e sobrava tempo para vários amistosos e viagens. Era uma maneira de as equipes se ocuparem ao longo do ano e também de ganhar dinheiro. Normalmente, os profissionais realizavam excursões — a outros estados ou ao exterior — para reforçar o caixa, enquanto as categorias amadoras faziam amistosos. Tantos quanto fossem possíveis.

No auge da minha adolescência, entre os treze e os catorze anos — depois disso, praticamente virei adulto, por conta do futebol —, eu adorava freqüentar os bailes, tão comuns na minha época. Minha mãe sempre me alertou que futebol e vida noturna eram coisas incompatíveis, mas eu não acreditava. Muitos jogadores ainda hoje não acreditam e tentam provar o contrário.

Dona Nair, para variar, tinha razão. Descobri isso do pior jeito possível.

O infantil da Portuguesa tinha um jogo pela manhã, às 9h. Quando minha mãe me viu de garfo na mão retocando o cabelo *black power*, fez uma daquelas perguntas em que qualquer resposta que eu desse me deixaria mal:

— Você vai ao baile? Não tem jogo amanhã?

— Não tem problema, mãe. Eu volto antes das dez.

— Olha, se você quer ir a baile, faça como seu irmão. Arrume um emprego e esqueça o futebol, porque as duas coisas não dá para conciliar.

É fácil imaginar o que aconteceu. Eu fui ao baile e não voltei antes das 22h. Cheguei em casa às duas da madrugada e caí no sono despreocupado e pesado da juventude. Minha mãe me chamou às 6h. Depois às 6h30. Às 7h. E 7h30. Aí ela desistiu. Acordei logo depois das 8h. A casa estava aquele silêncio.

— Pô, mãe, eu tou atrasado.

— Eu te chamei, mas você não acordou...

Corri para o Canindé. Quando cheguei, o time já estava escalado, fazendo o aquecimento e se preparando para entrar em campo. Eu era o centroavante titular e havia perdido um jogo importante.

— Que que houve? — perguntou Ipojucan, já bem azedo.

Tentei uma desculpa qualquer.

— Eu não consegui pegar o ônibus.

— Você tá com cara de amanhecido. Você foi no baile, né, moleque?

— Não. Eu não fui em baile.

— Foi, sim. Você foi no baile.

Realmente, o sexto sentido dele não falhava.

Senti-me muito mal com aquela dura, mas me senti pior ainda quando o jogo acabou. A Portuguesa perdeu em casa. Fiquei achando que era por culpa minha. Percebi que havia agido de maneira irresponsável. Daquele dia em diante, decidi que não haveria mais baile para mim. Queria ser jogador. Não ia permitir que a irresponsabilidade roubasse o meu sonho. E de quebra ainda entendi por que haviam inventado a concentração.

Sem documento

Treinar em clubes diferentes não podia dar em boa coisa. Entrei numa sinuca de bico quando São Paulo e Portuguesa começaram, quase ao mesmo tempo, a pedir meus documentos para me registrar na Federação Paulista.

Como eu já estava quase desistindo do São Paulo, lá a coisa foi mais fácil.

— É que eu tou treinando na Portuguesa — disse para o profissional do Tricolor que me pediu os documentos.

— Você não pode ficar dando documento em todo lugar — foi a resposta, em tom de crítica.

Ficou por isso.

Na Lusa, a situação foi um pouco mais complicada. Ipojucan pedia meus documentos todo dia, no final do treinamento. Engraçado como a gente pensa, quando é jovem, que pode enganar os mais velhos.

— Meu irmão vai trazer — eu sempre dizia.

Como não levava os documentos nunca e meu irmão nem sabia que eu tinha transferido para ele aquela falsa incumbência, passei a treinar e sair correndo para não ter de dar explicações. Às vezes, a pressa era tanta que nem tomava banho depois do treino.

A razão para não entregar a documentação era bem simples: estava treinando sem o conhecimento dos meus pais. Por conta daquele probleminha no coração, resolvi não contar nada para eles. Nem sabiam que eu havia passado no teste da Portuguesa.

Durante muito tempo, procurei, revirei toda a casa, na tentativa de encontrar os documentos necessários para a inscrição sem que minha mãe soubesse. Aproveitava quando ela se distraía ou quando saía de casa para vasculhar armários, cômodas, gavetas, caixas de papelão. Nunca encontrei nem sombra da papelada.

Então, a pressão foi aumentando. Um dia, eu cheguei e o treinador cortou logo o meu barato:

— Você não vai treinar.

— Por que não?

— Só quando trouxer seus documentos.

— Mas meu irmão vai trazer.

— Pô! Seu irmão está trazendo seus documentos todo dia, toda hora. Não, hoje você não vai treinar.

Não treinei.

Mandaram que eu esperasse. Iam falar comigo mais tarde. Depois do treinamento, Ipojucan me chamou na sala.

— O que está acontecendo, garoto? Por que você não traz os documentos?

— É que eu não pedi pra minha mãe. O documento está com ela.

— Você vai ter que pegar, se quiser continuar jogando aqui.

Sem alternativa, fui obrigado a contar para dona Nair.

Minha mãe praticamente não me negava nada. Daquela vez, ela negou.

— Você não pode jogar. Tem problema no coração.

Engraçado que eu jogava bola na rua o tempo todo e ela nunca disse nada.

Meu sonho começou a ruir. Já estava prestes a entrar em desespero, quando a mão do destino intercedeu em meu favor. Em uma consulta de rotina, o médico que me atendia no Dante Pazzanese disse que eu não tinha nada. O tratamento havia acabado.

— Então eu posso jogar futebol? — perguntei, eufórico.

— Pode. Está liberado.

Nem assim minha mãe quis ceder, quando voltei a pedir que ela me entregasse meus documentos.

— Você não vai jogar. Não é porque o médico te liberou que você vai.

Usei um argumento incontestável:

— Olha, eu fui lá, passei no teste. Dos meus amigos aqui da rua, o único que acabou ficando fui eu.

Amoleci o coração de dona Nair. Ela começou a entender. Aceitou. Muito contrariada, mas aceitou. Finalmente, consegui a documentação.

Com treze anos, aquela foi a maior felicidade da minha vida. Depois de alguns meses treinando na Portuguesa, eu estava federado. Tudo tinha sido muito rápido. E eu havia dado mais um passo na direção do meu sonho.

Nem assim larguei as atividades paralelas dentro do futebol. Mesmo treinando e jogando pela Portuguesa, eu seguia correndo atrás da bola na várzea. Jogava em tudo quanto era lugar e, em alguns, ainda ganhava uma grana.

Nesse aspecto, o Real Madrid, time dos vendedores de carros das "bocas" da alameda Barão de Limeira, perto do centro de São Paulo, era o melhor lugar do mundo. Ronaldo já estava jogando por lá. O pessoal sabia que eu estava me formando nas categorias de base da Lusa, gostava do meu estilo e me chamava para defender o time todo fim de semana. E ainda me davam um dinheiro. Não saberia dizer quanto em valores de hoje. Sei que era pouco, mas na época, para mim, parecia um dinheirão.

Alguns devem estar se perguntando, a esta altura, por que um atleta a caminho da profissionalização fazia tanta questão de jogar na várzea. Não era pelo dinheiro. Até porque não daria para viver daquilo. Mas era gostoso o que a várzea nos proporcionava. Era uma alegria. Lá eu podia jogar à vontade, descompromissado. Sou do tipo que não gosta de perder nem no cara ou coroa, mas na várzea eu podia jogar de forma menos responsável e mais prazerosa.

Hoje quase não existem mais campos de várzea em São Paulo. É uma pena. Muito craque surgiu na várzea, nos campinhos de bairro, nas peladas de rua. A várzea foi, durante muito tempo, junto com os famosos bailes, a opção de lazer de boa parte da população pobre. Havia lugar para todo mundo. Acho que naquela época a cidade era um pouco mais humana e menos estressada.

Na primeira vez que eu me apresentei no Real Madrid, o Arlindo, que era um dos que tomavam conta do time, achou muita graça de me ver lá, franzino, só com treze anos, botando banca de jogador.

— Quê? Vocês chamaram esse molequinho aí pra jogar? Põe esse moleque que eu quero ver.

Mais uma vez, entrei formando no segundo quadro e fui sacado no intervalo.

— Tira esse moleque. Pode tirar esse moleque que ele vai jogar no primeiro.

Virei centroavante do primeiro quadro, jogando ao lado do meu irmão, ponta direita.

— Que moleque atrevido! — delirava o Gildo, que também era uma espécie de "dono" da equipe.

Eu aproveitava a várzea para abusar da habilidade, coisa que, se eu fizesse na Portuguesa, com certeza levaria uma bronca do Ipojucan — e ainda correria o risco de perder o lugar no time. Por conta do excesso de atrevimento, os adversários baixavam o sarrafo em mim.

Várias vezes o pau comeu. A torcida invadia o campo para brigar com quem me dava uma pegada mais feia. Meu irmão, sempre tranqüilo e na dele, me puxava de lado e dizia:

— Fica quieto. Deixa os caras brigarem.

O curioso é que, quando me tornei profissional, anos mais tarde, soube, mais de uma vez, que ele havia se metido em confusão nas arquibancadas. Normalmente saía no braço com alguém que havia me xingado durante o jogo. Isso aconteceu algumas vezes, mas a pior foi no Parque Antártica, numa partida entre Portuguesa e Ponte Preta. Fui substituído no intervalo e alguém da diretoria me disse:

— Vai lá que seu irmão foi preso. Está lá junto com os caras da Ponte Preta que xingaram você.

Por isso que eu nunca gostei de família no estádio. Sempre pedi para não irem. Quando sei que tem alguém da família no campo, jogo tenso e não consigo me concentrar no meu trabalho.

Torcida não perdoa e xinga mesmo. Naquela época não havia tribunas onde os parentes dos atletas pudessem ficar. Era muito fácil se indispor com os espíritos de porco que adoram ir ao estádio para ofender quem está trabalhando. Por isso, eu praticamente proibi minha família de ir ao estádio.

O negócio no Real ficou tão sério que levei para lá

dois colegas da Portuguesa, o Benê e o Arnaldo. O pessoal das "bocas" achava o máximo e fazia questão de pagar pra gente.

Esse dinheiro era pouco, já disse, mas cheguei a me iludir com ele. Uma vez eu comentei:

— Não vou jogar na Portuguesa, não, porque o cara me dá um dinheiro aqui.

O Benê foi na minha.

— Também não vou, não.

O infantil da Portuguesa tinha mais um amistoso. Nós dois inventamos uma falsa viagem só para poder jogar pelo Real. Depois, a gente pensou melhor.

— Pô, Benê! Na Portuguesa está o nosso futuro.

— É...

Nosso técnico era o Brandãozinho, que havia sido volante da Lusa. Quando nós aparecemos para jogar, ele logo se ligou:

— Ué! Vocês não falaram que iam viajar?

— Nós íamos, mas... — respondi meio desconcertado.

— Ou você foi pro baile, hein, moleque?

Brandãozinho conhecia tudo que era baile. Era fácil para ele saber onde as pessoas estavam. Só que naquela história de noitada eu já estava vacinado.

Jogando pelo infantil da Portuguesa, ganhei meu primeiro título. Um longo campeonato, que durou quase o ano inteiro. E ainda fui o artilheiro. De repente, as coisas começaram a andar depressa.

De uma hora para outra, me vi no elenco profissional.

Na concentração

O Corinthians, sempre o Corinthians. Eu estava no infantil. Ia passar para o juvenil no ano seguinte, uma etapa antes do time de aspirantes, no qual se ficava mais perto de realizar o sonho de se tornar profissional.

Tínhamos uma partida contra o infantil do Corinthians. O treinador dos profissionais, o argentino Jim Lopes, resolveu ver o jogo. Os outros jogadores até comentaram comigo:

— O técnico do profissional veio ver.

Eu não dava a mínima. Ainda tinha muito chão a percorrer antes de pleitear um lugar no time de cima. Nunca me incomodou esse negócio de ser observado pelos treinadores da equipe principal. Só pensava em jogar meu futebol.

Conhecia o Jim Lopes de vista. Passava por ele lá, no clube, mas nunca havíamos trocado uma palavra. Ele não tinha motivos para falar comigo. Eu não tinha o que dizer a ele.

Joguei aquela partida absolutamente tranqüilo e arrebentei com o jogo. Marquei duas vezes e vencemos por 2 a 1. O gol do Corinthians foi feito pelo Nunes, que hoje trabalha comigo na Cooperativa Mais Esportes, em que nós prestamos serviço para a Prefeitura de São Paulo, dando aula para crianças da periferia.

Nunes e eu éramos dois artilheiros, e disputamos o título de goleador daquele Campeonato até o fim. Levei a melhor sobre meu amigo naquele jogo e na disputa pela artilharia.

Talvez se soubesse o que iria acontecer ao final daquela partida, eu não jogasse tão tranqüilo assim. Essa é a vantagem de não se ter expectativa sobre as coisas: você não se preocupa tanto e pode agir com mais naturalidade. Foi o que aconteceu comigo.

Terminada a partida, estava no vestiário, me trocando, quando chegou a surpresa. Jim Lopes mandara me chamar.

Fui ao encontro do treinador dos profissionais meio ressabiado, meio ansioso. O que será que ele queria?

Primeira coisa que fez foi perguntar minha idade. Eu estava com quinze anos, perto de fazer dezesseis. Ele apenas balançou a cabeça. Não fez nenhum comentário sobre a minha atuação. Virou-se para o pessoal da comissão técnica e avisou, com seu inconfundível sotaque castelhano:

— Vou concentrar esse moleque.

Demorei uns instantes para perceber o que acabara de acontecer. O próprio Jim me orientou.

— Vai na sua casa pegar suas coisas, que você vai concentrar.

— Eu? — perguntei incrédulo. — Concentrar com quem?

— Você vai para o profissional.

Eu? No profissional? Não cabia em mim de felicidade. Vinha me preparando para aquele momento, mas não pensei que ele fosse chegar tão cedo. Estava me sentindo no céu.

Ninguém me levou a sério quando cheguei em casa e disse que teria de voltar para a concentração. O mais irônico foi meu irmão:

— Larga de palhaçada. Brincadeira tem hora.

Ronaldo conhecia bem o mundo do futebol. Sabia que só os profissionais entravam em regime de concentração. E sabia, também, que não era de uma hora para outra que um pirralho como eu chegava ao time de cima.

Como sempre, havia alguém por perto para sair em minha defesa. Nesse caso, a mesma pessoa que havia sugerido que eu fizesse um teste na Portuguesa. Aguinaldo tinha ido até minha casa combinar alguma coisa com Ronaldo e confirmou a história toda.

— É verdade. Ele vai concentrar.

Voltei feliz para o clube e já fiz meu primeiro treino com os profissionais. Acho que me saí bem. Até marquei um gol.

Ao chegar à concentração, me dei conta de como é difícil entrar em um ambiente totalmente novo, cheio de gente desconhecida. Ainda mais quando se é um garoto de quinze anos e tem de encarar um meio cheio de manhas e malícias como é o futebol.

Não sabia como me comportar nos primeiros dias. A Portuguesa se concentrava no hotel City, ali na região do parque da Luz. Os jogadores ficavam lá, jogando bilhar, lendo revista, vendo televisão. Tentei ficar à vontade, sem saber que existiam algumas regras não escritas dentro da concentração. Determinados jogadores tinham lugar cativo no hotel e não admitiam cedê-lo.

Estava sentado em uma poltrona, com a maior cara de bobo, sem saber muito o que fazer. Um sujeito baixinho, topete, jeitão de invocado, se aproximou, com cara de poucos amigos. Era o Edílson, lateral esquerdo. Parou ao meu lado e disse, com ironia na voz:

— Está bom aí? Gostoso, né?

Inexperiente e ingênuo como eu era, percebi que havia algo de estranho no tom da conversa, mas não entendia o que ele estava querendo dizer. O goleiro Félix veio em meu socorro.

— Deixa o moleque aí.

E disse para mim, de um modo bem mais amistoso:

— Não esquenta. É que ele senta sempre aí.

Pedi desculpa, levantei e fiquei em pé o resto do tempo. Ficava em pé até na hora do almoço, esperando que todos se sentassem, para não ocupar lugar que já "pertencesse" a alguém. Mas malandragem também se aprende. Aos poucos, eu fui me ambientando.

Minha primeira concentração foi para um jogo contra o São Paulo, pelo Paulistão. Eu só concentrei, não joguei. O centroavante titular era o Ivair, que a imprensa apelidara de "O Príncipe", pelo estilo majestoso que ele exibia em campo.

Naquela época, não havia substituições durante os jogos. A não ser que fosse um amistoso. Quem assinava a súmula, era obrigado a jogar os noventa minutos. Se alguém se machucasse, tinha duas alternativas: jogava quebrado ou saía. O time que ficasse com um a menos. Era o mesmo que ter um atleta expulso.

Imagine o que era perder um jogador importante por contusão no primeiro tempo e ter de enfrentar o adversário a partida toda com um a menos. A Fifa só autorizou a troca de jogadores durante o jogo depois da Copa de 1966. E, ainda assim, cada time só podia substituir dois atletas por partida, não três como é hoje. Desconfio que, até então, o futebol era o único esporte coletivo sem direito a substituições.

Concentrei-me muitas vezes com o profissional, mas demorei a estrear no time de cima. Isso não me frustrou nem um pouco. Desde o começo, entendi a intenção da comissão técnica da Lusa. Eu não estava ali para jogar, mas para ganhar experiência.

Jim Lopes era um grande treinador na parte técnica e tática. E também um visionário. Ele havia visto em mim algumas qualidades e achou que eu poderia ser aproveitado entre os profissionais. Em vez de me lançar às feras, como muita gente faz hoje em dia, ou me largar no time de baixo e só me convocar quando fosse preciso, resolveu me pôr em concentração a fim de dar início a um trabalho de amadurecimento.

Olhando como as coisas foram feitas, acho que ele agiu de maneira exemplar. Muitos jogadores se perdem no meio do caminho por não terem esse preparo adequado. Principalmente do ponto de vista psicológico.

Mesmo com toda a preparação, minha ascensão aos profissionais foi bem rápida. Aconteceu tudo tão depressa que, involuntariamente, até queimei uma etapa. Passei direto do infantil para o profissional, sem ter jogado entre os juvenis. Aliás, joguei. Uma partida. E só porque os dois centroavantes, titular e reserva, não podiam atuar. Um estava contundido e o outro suspenso. Graças ao Jim Lopes, eu me concentrava entre os profissionais e jogava com os aspirantes. Aquilo foi uma escola de vida.

Com a mudança do meu *status* dentro do clube, meu dia-a-dia também se alterou. Além de jogar no amador, comecei a freqüentar o departamento de futebol profissional da Portuguesa. E lá as coisas eram bem diferentes. Algumas pessoas resistiam à chegada dos novatos.

Eu me pelava de medo do Joaquim, o roupeiro. Depois, ele acabou se tornando um dos meus melhores amigos. Como se fosse um segundo pai para mim. Mas no começo ele era terrível. Muito turrão. Logo no primeiro dia, já azedou quando me viu.

— Esses moleques vêm aqui para encher o saco. O que você quer?

— Eu vim treinar.

— Que vai treinar o quê. Quem te mandou vir aqui?

— Foi o Jim Lopes.

Ele fez cara de pouco caso e foi lá dentro perguntar. Voltou meio contrariado e liberou minha entrada. Com o passar dos dias, ele já me deixava entrar sem maiores dificuldades, mas estava sempre destilando ironia:

— Será que vai dar jogador essa porrinha aí? — dizia para ninguém.

Eu tinha me tornado um rapaz alto. Estava bem perto do 1,80 metro, mas era muito magrinho, franzino. Ainda estava muito longe dos 78 kg que mantive durante a carreira. (E, se você ficou curioso, eu falo: no momento em que escrevo este livro, estou com 86 kg. Não estou no auge da forma, mas não estou muito pior do que ninguém que jogou na minha época.)

Quando cheguei ao profissional, a Portuguesa estava reformulando o elenco. E tinha um time fortíssimo. Lá encontrei Félix, Edílson, Pampolini, Sílvio, Ivair, Almir, Henrique Frade. Treinar com aquele pessoal todo me dava um frio na barriga, pela responsabilidade que aquilo trazia. Mas dava também um sentimento de realização enorme. Fazia eu me sentir nas nuvens.

Já na primeira concentração, dormi no mesmo quarto que o Ivair. Além de grande jogador, ele tinha um caráter fabuloso. Jogávamos na mesma posição e nem assim ele ficou incomodado com a minha presença, coisa que aconteceu com outros atletas com os quais eu não disputaria vaga no time. Ao contrário, Ivair foi um ótimo companheiro. Ele me deu o maior apoio.

— Garoto, fica tranqüilo — disse, logo que a gente se conheceu. — Você vai ver como daqui pra frente isso se torna uma coisa normal. É só seguir aquilo que você tiver de orientação boa e se preparar o melhor possível.

Naquela noite, lembrei de todo o esforço que havia feito para chegar até ali e pensei: "Tenho de jogar muito, para não voltar para as categorias de base". Graças a Deus, não voltei mais.

Tudo para mim era uma grande novidade, mas a maior surpresa veio depois do jogo. A Portuguesa ganhou, e eu fui chamado para receber meu bicho. Meio bicho, porque só quem entrava em campo recebia o valor inteiro. Arregalei os olhos quando vi o monte de dinheiro que o caixa pôs em minhas mãos. Para mim, naquela época, era muito dinheiro. Cheguei em casa todo orgulhoso e entreguei tudo para a minha mãe.

— Olha aí, mãe. Esse é o bicho do jogo.

Esse gesto se repetiu muitas vezes, dos 15 aos 26 anos. Todo o dinheiro que eu ganhei, entreguei para ela. Minha mãe era meu porto seguro.

Até nisso acredito que o céu me abençoou. Enquanto a maioria dos pais não queriam ver seus filhos jogando futebol profissionalmente, minha mãe, que era contra no começo, tornou-se a minha maior incentivadora. E meu pai nunca se incomodou com isso e, à sua maneira, também me apoiou bastante, tornando-se uma espécie de empresário da minha carreira, ao cuidar dos meus contratos.

As coisas aconteceram numa seqüência perfeita, aos poucos, sem atropelo. No começo, minha mãe não queria que eu fosse jogar. Temia pela minha saúde. Depois que o cardiologista disse que eu estava apto, aceitou, meio contrariada. Não gostava muito, não achava que fosse sério, mas não me impedia de treinar.

Quando eu comecei a freqüentar o departamento profissional, ela se tornou a minha maior incentivadora, minha principal fã, minha grande conselheira e a defensora número 1. E nem era pelo dinheiro. Até porque o futebol, naqueles tempos, não era a fábrica de milionários que a gente está acostumado a ver atualmente.

Os relacionamentos de Ronaldo com os boleiros foram importantes para ajudar a quebrar a resistência de dona Nair. Muitos dos amigos do meu irmão jogavam profissionalmente. Minha mãe conhecia alguns deles e percebia que os jogadores não eram o bando de vagabundos que a sociedade, por preconceito, imaginava ser.

Vários colegas que jogavam comigo também davam uma passada lá em casa. Aos poucos, ela sentiu a seriedade do que eu estava fazendo. Ficou conhecendo um pouco mais daquele mundo do futebol.

Quando me ambientei com o grupo de profissionais, comecei a encarar a concentração com absoluta tranqüilidade. Aliás, procurava tirar desses momentos todas as lições possíveis. Ficava lá, observando e procurando absorver a experiência dos mais velhos.

No hotel, eu era um dos mais sossegados. Jogava um bilharzinho de três bolas, às vezes, mas gostava mesmo era de ouvir rádio e ler os magazines. Havia um diretor que levava pilhas de revistas da semana e gibis para a gente ler. Eu pegava logo *O Cruzeiro* e a *Manchete,* na época as duas mais importantes. E já combinava com o companheiro de quarto, fosse quem fosse, para ele apanhar mais uma ou duas diferentes, para trocarmos mais tarde. Depois de *O Cruzeiro* e da *Manchete*, minhas preferidas eram as publicações que traziam fofocas do mundo artístico. Uma leitura leve e sem compromisso.

Com o convívio diário, a gente observa como as pessoas

têm personalidades tão diferentes. Alguns dos meus companheiros não eram tão tranqüilos. Um deles, que chegou à Portuguesa bem depois de mim, era a impaciência em pessoa. Enéas ficava andando de um lado para o outro, como um leão na jaula. Se pudesse, saía de lá e ia almoçar em casa, onde sempre tinha uma feijoada, uma rabada, pratos que ele adorava. Já eu nunca saí de concentração. Gostava de ficar ali, sossegadão.

Foi também por causa da concentração que parei de ir à escola. Quando era menor, sonhava em estudar à noite, como meus irmãos. É um sonho meio bobo, eu sei, mas ele se realizou logo que comecei a treinar na Portuguesa. Só que passei a perder muitas aulas quando fui puxado para o profissional e tive de entrar constantemente em regime de concentração.

Meus professores estranhavam, mas nunca me perguntaram nada. Eu também não dizia. Os colegas é que contavam que eu estava jogando futebol, a um passo da profissionalização. Na verdade, estava apenas seguindo o conselho de dois dos meus professores daquele mesmo colégio:

— Vá atrás do seu sonho. Se você quiser ser lixeiro, seja lixeiro. Se quiser ser médico, seja médico. Procure fazer o que você gosta para ser feliz.

Normalmente, o time jogava no fim de semana e na quarta-feira. Eu concentrava na terça para o jogo de quarta e perdia a aula nessas duas noites. Concentrava na sexta para jogar no sábado ou no domingo. Tinha semana em que só consegui ir à escola na segunda e na quinta. Como assiduidade era tão importante como as notas das provas, eu sabia que não conseguiria ser aprovado. Resolvi sair no último ano do colegial — hoje chamado de ensino médio.

Saí da escola, mas não deixei de aprender.

Contratado

O futebol foi uma escola de vida, e acho que aproveitei bem os ensinamentos. Sempre fui uma pessoa observadora. Desde que me tornei atleta, ainda amador, eu procurava prestar atenção em tudo, observar tudo, absorver tudo. Nunca deixei de aprender.

Orientação não me faltou. Nos dez anos em que joguei na Portuguesa, os dirigentes me instruíram o tempo todo. Desde como me portar até como investir o que estava ganhando com o futebol. Carreira de jogador é curta e, naqueles tempos, o dinheiro não era nenhuma fábula. Eles se preocupavam muito com o que você ia fazer, com o que cada jogador ganhava, como estava sua família. Isso não tem dinheiro que pague.

Em campo, os treinadores também me ensinaram bastante. O primeiro deles, Ipojucan, foi com quem eu mais aprendi sobre bola. Ele tinha paciência para orientar e, ao mesmo tempo, sabia incentivar e cobrar com firmeza e no ponto certo, sem fazer mais pressão do que seria possível para um garoto suportar. Ele me dizia:

— Garoto, você conduz bem a bola, dribla bem, se posiciona, faz muitos gols, mas vai ter que aprender a chutar melhor.

E eu aprendi. Com ele. O gol de bate-pronto que me consagrou, dezesseis anos depois de ter começado na Portuguesa, foi fruto dos ensinamentos de Ipojucan. Depois dos treinos normais, ele punha os que tinham mais potencial para treinar pontos específicos e corrigir deficiências. O campo em que treinávamos, o Serra Morena, era irregular, um terrão. Mesmo assim, foi ali que aperfeiçoei minha técnica.

No meu caso, ele levantava a bola na área e dizia: "Chega!" "Inclina o corpo." "Cai o corpo." "Chega em cima da bola." "Joga o corpo de lado."

Ao longo da minha carreira, outros treinadores também me ensinaram bastante. No campo e fora dele. Gente como Jim Lopes, Dino Sani, Roque, João Avelino, Oswaldo Brandão. Guardo a lembrança de todos, com o maior carinho. Mas uma das maiores lições de vida que eu tive veio de um homem humilde, que falava errado, mas que era possuidor de uma astúcia invejável e de um grande coração: o massagista Mário Américo.

Quando dei meus primeiros passos na carreira de jogador, Mário Américo já era um mito do futebol. Massagista da seleção brasileira, conhecia as manhas do mundo da bola como poucos. Passara por vários clubes, colecionara títulos. Havia protagonizado uma das cenas mais hilárias da Copa de 1958 ao roubar do juiz, ainda dentro de campo, a bola da final em que o Brasil venceu os suecos, donos da casa, por 5 a 2 e se sagrou campeão do mundo pela primeira vez.

Com todo esse currículo, Mário Américo continuava tratando os mais jovens com a atenção e o respeito que a maioria não recebia de outros profissionais da bola. Ele era muito preocupado com os garotos que chegavam ao time de cima. Tinha um carinho muito grande para comigo. Quando comecei a treinar entre os profissionais, ele me fez enxergar como algumas pessoas resistem à entrada de sangue novo, por medo de perderem seus lugares ou por corporativismo puro e simples.

Foi ele que me ensinou uma lição valiosa nesse sentido, ao não permitir que a minha condição de garoto humilde e iniciante desse margem a tratamentos grosseiros por parte dos atletas mais velhos.

Depois dos treinos, eu tinha de pegar um ônibus do bairro do Pari para a rua São Caetano, ali perto da Estação da Luz, e depois outro, para chegar em casa. Para economizar uma condução, eu e os meninos que estavam subindo comigo para o profissional sempre pedíamos carona para os jogadores mais velhos que possuíam carro.

Certa vez, Mário Américo viu que um veterano respondeu com rispidez, quando eu e outro garoto pedíamos uma carona:

— Não vou passar por lá, não.

A resposta, em si, não foi o problema, mas sim o tom de voz. O jogador não disfarçou que não havia gostado do pedido.

O massagista sabia que, ao contrário do que havia dito, o veterano passaria, sim, pelo nosso caminho. Ele nos chamou e foi carinhoso, porém categórico:

— Vem cá. Não peça nada pra ninguém — disse. — Não pede, não. Se quiser, vai de ônibus. Se quiser esperar pra ir comigo, tudo bem, mas não pede nada. Se ele ou algum outro te encontrar no caminho e oferecer carona, você aceita. Caso contrário, não peça. Você é muito novo e ainda vai conseguir o seu.

O conselho de Mário Américo despertou a minha atenção para a realidade. Muitas vezes você chega num grupo e é hostilizado. Leva algum tempo para se acostumarem com sua presença lá. Felizmente, isso só me aconteceu uma vez. Depois, por onde passei, fui bem recebido, graças a Deus.

Quando você é garoto, está se dando bem no futebol, você acha que está agradando a todos, mas, na verdade, pode estar sendo inconveniente. Com seu grande caráter, Mário Américo estava querendo mostrar que eu não devia forçar a integração. Mais cedo ou mais tarde, teriam de nos aceitar no time. Foi exatamente o que aconteceu.

Tudo na Portuguesa foi uma lição de vida para mim. Até pequenos incidentes desse tipo. O fato de o Jim Lopes, a comissão técnica e a diretoria do clube olharem por nós das categorias de base demonstra um respeito e uma preocupação que eu não sei se outros clubes têm ou tiveram. Eles tiveram a coragem e o respeito de me preparar para o momento da minha estréia como profissional. Por isso, sempre falo com muito carinho da Portuguesa, uma casa onde eu cresci e me eduquei.

O clube tinha um diretor, o Manuel Passeau, só para cuidar dos jogadores da base. Por me conhecer do time infantil, ele foi chamado para fazer meu primeiro contrato como profissional. Era um contrato de gaveta, não registrado. Eu tinha apenas dezesseis anos.

Ele marcou um horário comigo e fez questão de ir até a minha casa, conhecer e conversar com meus pais. Até para saber em que condições vivia a minha família. Explicou que o contrato seria de gaveta e prometeu que, se eu me destacasse, poderia fazer um contrato anual com o clube. Definiu as luvas e o salário. Explicou tudo. Meus pais aceitaram sem problema. Ficou estabelecido que meu pai responderia por mim naquele e nos próximos contratos. Ele seria o único “empresário” da minha carreira.

Meu pai nunca se envolveu com a minha trajetória no futebol. Ele apenas cuidava dos contratos, via se estava tudo ok. Seu Milton era torcedor do São Paulo, mas jamais fez questão que eu jogasse no time dele. Quem mais acompanhou a minha carreira foi o meu irmão, apaixonado por futebol, e minha mãe. Meu irmão porque conhecia bem o meio e agia como uma espécie de tutor, já que comecei muito cedo a jogar entre os adultos. Minha mãe porque sempre teve um perfil de controladora, daquelas que queriam saber tudo o que estava se passando com os filhos.

Ao contrário do que a gente vê hoje, quando jovens jogadores ganham verdadeiras fortunas em seus primeiros contratos sem nenhuma orientação, a diretoria da Portuguesa tratou de me fazer ficar com os pés no chão. O Manuel Passeau, que também cuidava dos interesses profissionais de outros jogadores, como o Ivair, me orientou a guardar uma parte do que eu ganhava.

— Vocês moram de aluguel?

— Moramos.

— Então você — virou-se para mim —, futuramente, ou compra um terreno e constrói uma casa para os seus pais, ou dá entrada num apartamento, numa casa. Tire seus pais do aluguel.

Foram palavras valiosas. Nunca fui um esbanjador. Aprendi com minha mãe a pensar no futuro e não sair gastando dinheiro à toa. Mas, convenhamos, um contrato de jogador, aos dezesseis anos de idade, é coisa que pode virar a cabeça de qualquer um. Por isso, aquele conselho fortaleceu em mim a preocupação de dar um emprego adequado para aquilo que eu estava conquistando.

Eu até já vinha ganhando dinheiro com o futebol, dos bichos de jogos em que ia para concentração. Entregava tudo, religiosamente, nas mãos de minha mãe. Ela administrava o dinheiro para mim. Com as luvas que recebi do primeiro contrato, guardei mais um pouquinho. Abri minha primeira conta, no banco Novo Mundo, onde minha irmã Neide trabalhava.

Juntei o dinheiro desse primeiro contrato com as luvas e guardei. Fui juntando até ter condição de comprar alguma coisa. Minha intenção era comprar logo uma casa para a família, mas minha mãe sempre pensava em mim primeiro. Achava que não dava mais para eu ficar só andando de ônibus e dependendo da boa vontade da carona alheia.

— Você precisa comprar um carrinho para ir treinar.

Comprei. Um fusca 62. Vermelho. Isso foi em 1967. Acabara de fazer dezoito anos.

Quando comecei a ganhar um pouco mais, comprei a casa. Depois troquei por um imóvel maior. Adquiri algumas outras propriedades que hoje garantem a minha estabilidade financeira.

Financeiramente, a vida da família melhorou. Meus irmãos já estavam trabalhando. Ronaldo começou aos dezoito, nos escritórios da Eletrodisco. Neide era funcionária do Novo Mundo, que mais tarde virou Econômico e depois Excel, antes de quebrar e prejudicar muita gente. Minha irmã já estava no batente desde os dezessete anos, meio contra a vontade do meu pai, para ajudar no orçamento doméstico. E eu, que nunca procurei emprego, me tornei profissional da noite para o dia, aos dezesseis.

Mamãe sabe tudo

Se meu pai nunca se envolveu com a minha carreira, minha mãe nunca perdeu nada do que acontecia. Dona Nair vivia com o ouvido colado ao rádio. Enquanto fazia as tarefas domésticas, ia mudando de estação o tempo todo, à procura do noticiário esportivo. O curioso é que ela adquiriu esse hábito antes de haver um motivo real para isso. Eu ainda me encontrava nas categorias de base. Achava graça e dizia:

— Do amador eles não falam nada... É como se não existisse.

Mas ela insistia.

Pelo menos para ela, o hábito acabou dando resultado. Um dia, ela ouviu uma bomba. Fazia pouco tempo que eu me tornara profissional na Portuguesa. Ainda era reserva, mas já começava a me destacar. Estava me tornando um dos artilheiros do time. Alguém do Fluminense acompanhou alguns dos meus passos em campo, e o time das Laranjeiras se interessou pelo meu passe.

Queriam fazer uma troca. A proposta era boa para a Portuguesa. Eu seria trocado pelo grande Ademar Pantera, um centroavante estiloso, artilheiro nato, já meio veterano, mas ainda grande jogador.

Quando minha mãe ouviu aquilo no rádio, correu até a sede da Lusa. Procurou o presidente Manuel Mendes Gregório. Era fim dos anos 1960. Eu estava com dezoito para dezenove anos. Um dos argumentos que ela usou foi dizer que eu "não tinha idade suficiente" para morar sozinho, principalmente no Rio de Janeiro. E olha que a Cidade Maravilhosa não era nem sombra do que é hoje em termos de insegurança, apesar de continuar maravilhosa.

Minha mãe sabia que todo jogador paulista que se mudava para o Rio naquela época se dava bem em campo, mas podia se dar mal fora dele. Muitos caíam na esbórnia e a noite ficava curta demais, com conseqüências catastróficas para a carreira.

O pior é que eu nem fiquei sabendo do interesse do Flu. A história não havia chegado até mim. Fiquei surpreso quando, meses depois, um diretor da Portuguesa, José Mendes Neto, comentou comigo:

— Poxa! Você tem uma família maravilhosa, que acompanha sua carreira, se preocupa com você.

— Tenho mesmo. Meu pai cuida dos meus contratos...

Qual seria a razão daquele comentário? Eu não estava entendendo nada. Ele percebeu e disse:

— Você não soube?

— O quê?

— Sua mãe veio aqui falar com a gente. Nós estávamos cuidando da sua transferência para o Rio, e sua mãe veio dizer que você não tinha idade suficiente para viver num lugar como aquele sozinho.

Fiquei pasmo ao saber de toda a história. Principalmente depois que minha mãe confirmou tudo. Mas não me aborreci.

Percebi que a preocupação dela era legítima, era comigo. Barrou minha ida para um grande clube, mas era por uma boa causa. Fez aquilo pensando no meu bem-estar. Senti orgulho da minha família. E ainda sinto. Principalmente quando lembro dessas passagens.

Olhando as coisas hoje, é fácil notar que tudo que aconteceu foi o melhor para mim.

Dei satisfação para minha mãe durante minha vida profissional inteira. Depois daquele período de garoto em que eu ia treinar escondido, nunca mais a deixei de fora do que acontecia comigo. Ela sabia de tudo. Até 25 ou 26 anos, tudo que eu ganhei foi entregue a ela. Ela administrou muito bem. Para mim, era uma questão de respeito e confiança.

Minha mãe sempre foi uma referência lá em casa, para mim e meus irmãos. O que ela dizia eu fazia. Podia até retrucar, mas não deixei de seguir seus conselhos. As poucas vezes em que não segui, como no caso do baile, o arrependimento veio logo. Acho que isso só me fez bem e foi muito importante para que eu alcançasse a vida feliz que tenho tido.

Ao contrário do que se podia esperar de pais e mães dos anos 1960, até em relação a namoro dona Nair era liberal. De vez em quando, me dava um conselho que escandalizaria 99% dos pais daquela época: namore bastante, o quanto quiser, mas não tente namorar a sério.

Não que ela achasse que eu devia sair por aí galinhando. Só não queria que eu estragasse minha vida e minha carreira ao encarar um compromisso — ou, pior, fazer uma grande bobagem — sem pensar muito bem antes.

— Faça primeiro a sua independência — ela dizia. — Depois você arruma família.

Acho que minha mãe sabia interpretar a alma das pessoas. Ela me conhecia muito bem. Estava ciente de que eu era um grande namorador, que não conseguia — naquela época — ficar com uma mulher só. Achava que eu era muito novo para assumir compromissos mais sérios. Por isso, me sugeriu um caminho mais seguro. O que me restava fazer, então, senão seguir o sábio conselho de minha mãe? E eu segui. À risca.

Sempre fui um cara cheio de namoradas. No meu tempo, já existia a maria-chuteira. E como! Eu me aproveitava disso. Na minha juventude, aparecia um monte de garotas com quem eu "ficava", como se diz hoje. Tive uma porção desses namoricos sem compromisso. Quando cheguei ao profissional, eu namorava uma menina, a Carlita. Ela morava em Cidade Adhemar, para lá da zona sul, no outro extremo de São Paulo.

A menos que eu estivesse jogando ou concentrado, atravessava a cidade todo dia, para ficar com ela. Encontrava Carlita no centro. Ela trabalhava na Liberdade. Descíamos a pé até o Vale do Anhangabaú e íamos até a casa dela. Só de ônibus eram quase duas horas de namoro. Muitas vezes, eu chegava lá e tinha que voltar.

Minha mãe ficava um pouco atacada com isso. Primeiro porque achava que eu estava levando esse romance a sério demais. Segundo porque eu só ia jantar lá pelas dez horas da noite, quando chegava em casa. E isso minha mãe, controladora como era, não podia admitir.

Depois de um tempo, Carlita se mudou para a Vila Mariana. Era bem mais perto, mas o namoro já estava chegando nos acréscimos do segundo tempo. Eu comecei a ficar com algumas meninas. Algumas, não. Várias. Até que conheci a mulher que hoje é a mãe dos meus filhos e minha companheira, Ana Maria.

A família de nenhuma das namoradas que tive ia muito com a minha fachada, pelo fato de eu ser jogador. Como já disse, naquela época o profissional da bola não era visto lá com muito bons olhos.

Com a família da Ana, não foi diferente. Nunca fui maltratado ou ouvi qualquer grosseria, mas dava para perceber que as pessoas não ficavam à vontade. Engraçado é que hoje é comum a gente ver algumas mães e alguns pais praticamente jogarem suas filhas para cima de um jogador que faça um mínimo de sucesso.

Quando começamos a namorar, Ana morava com o avô no Parque Peruche. Eu adoro o Peruche. Conheço tudo por lá. Vivia no bairro. Freqüento até hoje.

De cara, comecei a assumir um negocinho mais sério com ela, mas continuava ciscando em outros terreiros. Eu ainda namorava uma outra menina. Às vezes, saía da casa dessa garota e ia direto para a casa da Ana.

Fiquei nessa vida um tempinho, até que o destino me convocou a fazer a coisa certa. O tempo foi passando e eu fui me desfazendo dos meus outros compromissos para ficar só com a Ana Maria. Ainda não pensava em casar. Continuava vivendo em função da minha mãe e me apegando ao velho conselho de não me comprometer com nada.

Um belo dia, o jogo virou completamente. Ana Maria ficou grávida. Resolvi sair da retranca e assumir a paternidade. Foi tudo de comum acordo. Ela queria. Eu também. Primeira coisa que fiz foi construir uma casa para ela e o bebê, nos fundos do quintal do avô dela. Passava uma parte do tempo lá, com ela, curtindo a companhia e a gravidez. Mas continuava vivendo com minha mãe.

Ana Maria me deu uma filha maravilhosa, Roberta. Ela foi recebida com muita alegria. Para os pais da Ana, era a primeira neta. Meus pais já eram avós, porque meus irmãos já tinham filhos, mas mesmo assim Robertinha virou o xodozinho da família toda. Eu cada vez fui ficando mais tempo na casa do Peruche.

O relacionamento com Ana Maria ficou tão sério e estável que, anos depois, acabei me casando com ela. E ela ainda me deu mais dois presentes extraordinários. Sete anos depois da Roberta, em 1983, nasceu o Júnior. João Roberto Basílio Júnior. Um garoto que lembra muito o meu jeito de ser e que só não se tornou jogador porque, quando resolveu correr atrás da bola profissionalmente, já tinha quase dezoito anos, um pouco tarde para se tentar a carreira. Mais sete anos se passaram até que nascesse a Bruna, a raspinha do tacho, em 1990.

Meus filhos são maravilhosos, mas a caçula tem uma coisa que eu nunca tive: um gosto extraordinário pelo estudo. Todo ano, em outubro, ela chega toda faceira:

— Cadê meu presente?

E mostra o boletim com todas as notas já fechadas. Isso me dá um orgulho muito grande.

Assim como os irmãos, Bruna é uma corintiana fanática que quer ir a todos os jogos do time. Eu sempre achei bonito isso nela, só que tive de dar uma brecada, por conta da insegurança que é ir ao estádio hoje em dia.

Quando o Timão perdeu para o River Plate no Pacaembu, em 2006, pela Libertadores, deu confusão e quebra-quebra. Bruna, Júnior e minha neta estavam na arquibancada. Não se meteram em encrenca, mas os policiais jogaram spray de pimenta na torcida. As meninas chegaram em casa com os olhos ardendo.

Pedi para ela não ir mais ao estádio, porque tenho medo dessa onda de violência cada dia maior. No meu tempo, não havia tanto disso. Às vezes quebrava o pau na arquibancada, mas ali mesmo acabava.

Quando eu jogava, havia um clima de provocação sadia.

O atleta de um time apostava com o de outro. O Luis Pereira e o Serginho adoravam fazer isso. Quem perdesse, tinha de carregar o vencedor de cavalinho pelo gramado. Ou comprava cestas básicas para distribuir para alguma comunidade carente. Além de promover o jogo em si, porque todo mundo queria ver no que ia dar a aposta, era um jeito de colaborar com quem precisava. Algo muito mais inteligente e menos nocivo do que se tem hoje.

Esse negócio de torcida brigar dentro e fora do estádio, de quebrar trem, ônibus e metrô, de marcar encontro pela internet para se enfrentar e só parar quando um morre tem que acabar. E quem tinha de tomar a frente desse negócio eram os dirigentes. O diretor do clube A deveria procurar o diretor do clube B e ambos darem um depoimento público mostrando que os dois times são adversários somente dentro de campo. Fora, tem de prevalecer a civilidade, o companheirismo e, principalmente, o respeito.

O que esses torcedores brigões e idiotas não percebem é que o legal do futebol — e também da vida — é a diferença entre as pessoas. Vou dar um exemplo. Se todos os homens quisessem namorar a mesma mulher, como seria? O que seria das outras mulheres? E dos homens que não conseguissem ficar com ela? E se a mulher fosse desse babaca que quer o mundo inteiro torcendo para o mesmo time que ele?

Não consigo entender a razão de um sujeito agredir e às vezes matar o outro porque este prefere torcer por um time diferente. Se os outros clubes não tivessem torcida, eles desapareceriam. Iríamos disputar contra quem, então? Por isso, eu abomino a violência. Gosto do futebol só pelas alegrias que ele proporciona. Gostaria muito que as pessoas enxergassem isso.

O futebol, aliás, já me deu muitas alegrias e ainda pode dar muitas outras, dentro de poucos anos. Roberta é casada e já me deu dois netos lindos, Giovana e Washington. Mais dois corintianos roxos.

À parte o fato de eu ser um avô coruja, tenho de dizer: o garoto tem pinta de craque. Joga sua bolinha, gosta e leva muito jeito pro negócio. Tudo indica que vai seguir a carreira de jogador profissional, o que, para mim, seria uma felicidade incrível.

Muitos pais querem que seus filhos sejam jogadores para ganhar dinheiro. Eu não acho isso legal. O jogador tem que gostar muito do que faz, porque a recompensa financeira pode ser boa, e tem sido boa de uns vinte anos para cá, mas a vida de atleta não é muito fácil, não. É cheia de privações, de viagens, de desconforto, de treino, de dor, de contusões, de distância da família. Então, tem que gostar muito, e não fazer por obrigação ou pelo dinheiro.

Assim como não foi pelo dinheiro que comecei a jogar. Inclusive, na hora de parar, eu tinha ótimas propostas para atuar em clubes do Nordeste. Só que minha mãe estava doente. Enfrentou um câncer durante oito anos e nunca me disse nada. Só fui perceber quando o problema já estava em estágio avançado e não se podia fazer muita coisa mais.

Ela havia sido importante para minha vida e minha carreira. Não achei certo, no momento em que ela mais precisava da minha companhia, eu ir buscar dinheiro longe de casa. Por isso é que digo, com orgulho, que comecei a jogar futebol com ela e parei com ela.

Oto Glória

Muitas vezes, a gente pensa que sabe o que é melhor para nossa vida. Quer porque quer alguma coisa e não consegue. Ou então é obrigado, pelas circunstâncias, a mudar de planos, mas fica contrariado, achando que deu tudo errado. O tempo passa e nos mostra que o melhor aconteceu, mesmo que as coisas tenham ocorrido de maneira bem diferente daquela que se imaginava. Aí a gente pensa: se tudo tivesse corrido como eu queria, hoje eu não estaria tão bem.

Foi mais ou menos o que se passou comigo antes da metade da minha carreira. Sempre quis ser jogador de futebol e, mais do que isso, queria ser atacante, goleador. Desde menino, só jogava na frente, querendo fazer gols. Um dia, isso teve de mudar.

Tudo começou com Oto Glória, na Portuguesa, no comecinho dos anos 1970. Eu era centroavante na Lusa. Fazia muitos gols, como imaginava fazer desde pequeno. Mas não fazia só gols — e foi por isso que minha vida e minha carreira tomaram um rumo totalmente inesperado.

Uma das minhas principais características como atacante era sair da área para buscar jogo. Nunca fui de ficar plantado entre os zagueiros, esperando bola só para conferir. Não conseguia jogar parado desse jeito. Passava bem a bola, era capaz de fazer lançamentos perfeitos se tivesse um companheiro mais à frente e ainda marcava a saída dos zagueiros. Voltava para marcar no meio de campo e, quando roubávamos a bola, seguia com ela dominada em direção ao gol adversário.

Tudo isso fazia de mim um atacante moderno para aquela época. Nem todo mundo sabia jogar desse jeito. A maioria dos técnicos armava os times no 4-3-3, com dois zagueiros apoiados por dois laterais — que podiam ou não avançar —, um volante e dois meias; dois pontas abertos e um centroavante jogando fixo, plantado.

Isso começou a cair quando a Europa, que sempre buscou novidades táticas e de posicionamento para suprir a falta de habilidade da maioria dos seus jogadores, passou a levar a melhor sobre nós, como na Copa de 1974, quando o Brasil perdeu para Holanda e Polônia e terminou em quarto lugar, depois de ter encantado o mundo com a seleção de 1970. Aquele time jogava por música, fez muitos gols na Copa, mas, de atacante, mesmo, de ofício, só tinha um titular: Jairzinho. O Tostão estava mais para meia, assim como Pelé, Rivellino e Gerson, os cinco que normalmente armavam o ataque.

Essa minha maneira de jogar chamou a atenção do treinador Oto Glória. Ele resolveu fazer uma experiência, mudando a forma do time jogar. A principal mudança recairia exatamente sobre mim. Quando ouvi sua proposta para alterar meu posicionamento em campo, não fiquei exatamente feliz. Ele me disse mais ou menos o seguinte:

— Você vai passar a fazer uma função, que eu acho

que você tem condição de fazer. Você não vai mais ser centro-avante. Vou te pôr na ponta-de-lança. Como você passa muito bem a bola, vai jogar um pouco mais atrás.

Fiquei muito cabreiro. Na minha cabeça, aquilo tudo era uma desculpa para me sacar do time titular. A Portuguesa acabara de integrar à equipe profissional um garoto atrevido, cracaço de bola. Ele vinha entrando nos jogos e fazendo bonito. Quando o treinador propôs a mudança, tive a certeza de que ele havia tomado o meu lugar. Seu nome era Enéas. E ele foi um dos grandes amigos que eu tive no futebol.

Aceitei. Meio contrariado, mas aceitei. Queria jogar. A essa altura, era melhor virar meia do que ser sacado — embora eu ainda acreditasse que isso fosse acontecer, porque dificilmente daria conta do recado. Achava que o treinador estava me queimando. Pela maneira que ele queria fazer a Portuguesa jogar, eu seria o único meia verdadeiro do time. E nem tão verdadeiro assim, porque ainda me sentia atacante. No papel, aquele 4-4-2 parecia um 4-2-4, com um meia, eu, e um volante apenas. Seria um verdadeiro suicídio. Na hora, não consegui enxergar como aquilo poderia dar certo. Mas deu.

Disse ao Oto que tudo bem, eu aceitava, mas que nunca havia feito aquela função.

— Então nós vamos observar — ele respondeu. — Você vai ver como vai gostar.

Incrível como rapidamente assimilei o novo papel. Encaixei como uma luva no esquema. A adaptação foi tão boa que hoje em dia quase ninguém sabe ou se lembra que fui atacante no início da carreira.

Oto queria fazer a Portuguesa jogar em um esquema bem moderno para a época. Quase todo mundo ainda usava o velho 4-3-3. Ele chegou com um 4-4-2 diferente, e nem por isso o time era menos ofensivo que os adversários.

Com minha mudança de função, jogavam Enéas e Cabinho enfiados. Os dois pontas, Wilsinho pela esquerda e Xaxá pela direita, voltavam para ajudar na marcação do meio de campo. Eram dois pontas falsos, como Zagallo havia começado a fazer, quando era jogador, nos anos 1950, no Botafogo. Badeco era o único volante e não saía da frente da zaga. Eu jogava na meia, me movimentado pelos dois lados do campo, e ainda aparecia no ataque como elemento surpresa, chegando de trás. Assim, ele conseguiu aproveitar melhor minhas qualidades como passador e finalizador. O time ficou bem ofensivo.

O Oto introduziu um jeito diferente de jogar. Eram os quatro atrás, um volante à frente deles, um meia-armador à frente do volante, que era eu. Ao meu lado jogavam dois pontas que vinham auxiliar na marcação e à frente dois atacantes. Um voltava para articular as jogadas, o outro ficava mais plantado. O Cabinho mais enfiado e o Enéas fazendo o peão. Os dois laterais Calegari e Pescuma, alternavam as subidas e voltavam quando o time perdia a bola.

Oto tinha um excelente olho clínico e havia visto algumas virtudes em mim.

— Além de ser muito rápido, você se movimenta, você marca, você passa bem a bola — comentou comigo.

Disse aquilo para me incentivar. Marcação nem era o meu forte. Só com o tempo é que aprendi a marcar de verdade, com mais pegada. Ele modernizou a minha maneira de jogar de tal modo que em pouco tempo esqueci que havia mudado de posição contrariado.

Anos depois, percebi o quanto aquela idéia era revolucionária — e extremamente benéfica para mim. Meus dias de artilheiro haviam acabado, mas a mudança de posicionamento me deu a oportunidade de jogar numa nova faixa do campo, de praticamente não perder mais a condição de titular e de sair do ataque para fazer o gol mais importante da minha vida, alguns anos depois. Tão importante que, mesmo que fosse o único da minha carreira, teria valido a pena.

Sem querer, Oto Glória me ensinou que nem tudo que se deseja ardentemente é o melhor para a nossa vida. O treinador, em pouco tempo de observação, descobriu que eu poderia ser mais útil para o time em outra função. E é isso que um grande treinador faz: tira o melhor de cada um de seus atletas para fortalecer a equipe. Sem dar muita bola para as vaidades de cada um.

Uma das melhores coisas que ocorreram na minha carreira foi ter sido dirigido por grandes treinadores. Aprendi muito com todos eles. Com Oto Glória, descobri um jeito novo de ver o futebol. Ele acabara de voltar de uma temporada na Europa, onde dirigiu a seleção portuguesa — tendo inclusive vencido o Brasil por 3 a 1 na Copa de 1966, na Inglaterra. Foi treinador em grandes clubes europeus como Porto, Sporting, Benfica, Olimpique de Marselha, Atlético de Madri. Vinha com outra cabeça.

Além de seu grande conhecimento, voltou ao país com uma visão diferente do futebol, a visão européia que nós nunca tivemos. Uma das coisas que eu sempre quis depois de ter parado de jogar era fazer cursos de técnica, tática e gestão desportiva na Europa, para trazer a visão que eles têm lá sobre isso, muito mais moderna que a nossa, e empregá-la nas divisões de base de um grande clube. Tenho certeza de que isso faria com que o futebol brasileiro, que já é o melhor do mundo, evoluísse muito.

Como já disse, sempre fui muito observador. Passei a valorizar essa característica ainda mais ao conhecer Oto Glória. Seu senso de observação era muito aguçado e tinha pensamentos mais modernos, arejados pelas idéias dos europeus sobre futebol. Comecei a prestar atenção em tudo. Tanto que um dia peguei o próprio treinador em uma distração.

Oto fazia uma preleção e não percebeu que, no quadro, ele havia marcado posição para doze jogadores. Acho que só eu percebi, mas fiquei quieto. Depois que ele explicou como tínhamos que jogar, eu disse:

— Seu Oto, do jeito que está aí, nós vamos perder os pontos.

— Por quê?

— Porque aí tem doze jogadores. Se a gente entrar com doze, vai perder os pontos.

Ele olhou para o quadro, percebeu o equívoco, pensou, pensou, pensou. E se saiu com esta:

— Não, esse que você está vendo aqui é o juiz.

Gargalhada geral. Acima de tudo, era um sujeito muito bem-humorado.

Foi a competência de Oto Glória que levou a Portuguesa a seu último grande título. O time não vencia um Campeonato importante desde 1955, quando ergueu a taça do Torneio Rio-São Paulo, uma competição que reunia as duas grandes praças do futebol brasileiro na época. O título do Campeonato Paulista, a equipe não via desde 1936. E, ainda assim, os arquivos do futebol mostram que, naquele ano, o Paulistão foi disputado em duas versões diferentes. A Lusa ganhou uma delas. O Santos venceu a outra. Por ironia do destino, os dois times voltariam a dividir um Paulistão. A última grande conquista da Portuguesa. E a minha primeira como profissional.

PRIMEIRO TÍTULO

Em 1973, a Portuguesa vinha jogando um futebol mágico. Técnico e eficiente. As mudanças efetuadas por Oto Glória tinham surtido efeito. A equipe estava muito bem montada pelo treinador. O elenco era de primeira. Tudo estava caminhando bem, e o time vinha fazendo uma grande campanha no Campeonato Paulista. Chegou à reta decisiva com pinta de campeão.

À altura da Portuguesa, naquele ano, só havia um adversário: o Santos. Mesmo assim, o esquadrão da Vila Belmiro, com todas as suas estrelas, dentre as quais a maior de todas, o Rei Pelé, não estava em um momento tão iluminado quanto o nosso. Entramos para disputar o Campeonato com a certeza de que chegaríamos ao título.

O Santos venceu o primeiro turno invicto. Perdemos para o alvinegro na Vila Belmiro por 1 a 0. No segundo turno, devolvemos a derrota e nos sagramos campeões do returno também invictos, com sete vitórias e quatro empates. Duas campanhas incontestáveis. As duas melhores equipes chegaram à decisão do certame de maneira brilhante.

A final foi no dia 26 de agosto de 1973 no estádio do Morumbi. O público, 116 mil pagantes, era o maior já registrado no estádio até aquela data. Quatro anos depois, quando o recorde do estádio foi novamente batido — e nunca mais superado —, eu também estava em campo. E seria campeão novamente.

O regulamento previa que os campeões do primeiro e do segundo turno se enfrentassem em uma única partida decisiva. Esperava-se um grande jogo. Nós entramos com o time completo, um dos melhores da história da Lusa: Zecão, Cardoso, Pescuma, Calegari e Isidoro; Badeco e eu; Xaxá, Enéas (substituído por Tatá no segundo tempo), Cabinho e Wilsinho.

Jogar com o Santos era quase covardia. O alvinegro da Vila tinha uma constelação de craques: Cejas, Turcão, Carlos Alberto Torres, Vicente e Zé Carlos; Clodoaldo e Léo, Jair da Costa (substituído depois por Brecha), Eusébio, Pelé e Edu.

Com tanto craque consagrado em campo, o personagem da partida acabou sendo justamente aquele que não deveria aparecer: o árbitro Armando Marques.

Armando foi um dos mais polêmicos juízes do futebol brasileiro. Era competente, mas autoritário. E gostava de aparecer. Eu já havia tido problemas com ele. Em uma partida contra a Ponte Preta, no Parque Antártica, em que o jogo estava ríspido, mas leal, ele passou o primeiro tempo inteiro ameaçando a mim, pela Portuguesa, e o Dicá, pela Ponte.

— Vocês dois não vão terminar o jogo comigo — disse ele várias vezes durante a primeira etapa.

Fiquei muito intimidado e pedi ao Dino Sani, meu treinador na Lusa, para sair no intervalo, com medo de ser expulso.

Muitos outros jogadores se estranharam com ele. Uma

vez, ele foi chamar a atenção do Nilton Santos, que nem jogava mais, era da comissão técnica do Botafogo. Com aquela sua empáfia, botou o dedo no rosto do grande campeão. Nilton, dizem, era meio esquentado. Meteu um soco na cara do juiz em pleno Maracanã e nem esperou ser expulso. Foi direto para o vestiário.

Armando simplesmente não sabia acalmar os ânimos. Naquela final, o árbitro mostrou que também era ruim de matemática.

Chovia muito, e o jogo se arrastou num terrível 0 a 0 no tempo normal e na prorrogação. Chegamos a fazer um gol com o Cabinho. Legal, na nossa opinião, mas o bandeirinha marcou impedimento.

No segundo tempo, Enéas saiu para a entrada de Tatá. Com isso, Cabinho passou a fazer a função do Enéas, Tatá fez a minha e eu fui jogar mais enfiado, de centroavante, minha posição original. Estava jogando com o tornozelo inchado e com dor, e o técnico achou por bem me poupar do esforço de correr mais jogando como meia.

Até senti um pouco a falta de ritmo, porque já fazia algum tempo que não jogava como atacante. Nos instantes finais da prorrogação, mesmo sem a noção adequada de posicionamento, consegui concluir uma jogada, mas perdi a oportunidade de fazer o gol do título. Recebi uma bola enfiada no meio da defesa do Santos, cortei o zagueiro e bati na diagonal. Já me preparava para vibrar quando vi Cejas fazendo a defesa com o bico da chuteira.

Fomos para a decisão em pênaltis, onde se desenrolou o episódio mais confuso da minha vida dentro dos gramados.

Depois daquela demora toda para começarem as cobranças, os times entregaram ao juiz a relação de batedores. Oto Glória definiu que eu seria o último dos cobradores da Portuguesa, na série inicial de cinco penalidades. Eu já estava pensando em como pegar na bola. Já que o campo estava pesado, minha idéia era dar um canudo, tirando um pouco do meio do gol, para não correr muitos riscos.

As cobranças começariam pelo Santos. Então, se a série terminasse em cinco, eu seria o último de todos a bater.

Zé Carlos chutou pelo Santos no canto, mas Zecão defendeu. Caiu um silêncio sobre o Morumbi. Mais de 90% dos presentes eram torcedores santistas. Não tivemos tempo nem de comemorar o que seria uma vantagem. Isidoro chutou para defesa de Cejas.

Na segunda cobrança do time da Vila, o capitão Carlos Alberto Torres marcou o primeiro. Calegari bateu no alto para tentar o empate, mas Cejas foi buscar e fez uma defesa incrível. Edu chutou forte e ampliou. Wilsinho chutou no travessão. Com três pênaltis batidos para cada lado, estava 2 a 0 para o Santos. O próximo a bater seria Pelé.

Ainda havia uma chance de empatar as cobranças, se o Santos perdesse as duas e a Lusa marcasse. Sem se dar conta disso, Armando Marques tirou a bola das mãos de Pelé — ele adorava fazer isso —, ergueu os braços e encerrou a partida.

Eu nem percebi o fim do jogo. Não olhei para o árbitro. Estava conversando com um jogador do Santos quando percebi o barulho das arquibancadas, vi os repórteres invadindo o campo e, de repente, senti alguém da comissão técnica me puxar pelo braço.

— Vambora, vambora.

— O que aconteceu?

— Vamos embora, rápido.

Um diretor da Portuguesa disse, quando saíamos de campo:

— Todo mundo pro ônibus. Todo mundo pro ônibus.

— Mas o que aconteceu? — eu continuava sem entender nada.

— É um erro de direito a nosso favor. Vamos embora.

Depois, fiquei sabendo que a idéia de abandonar logo o estádio tinha sido do Oto Glória. Ele sabia que, quando o juiz se desse conta do erro, a primeira coisa que ia fazer era chamar os times de volta para encerrar as cobranças. Como a situação era totalmente adversa a nós, preferiu não dar nenhuma chance para o árbitro se redimir da bobagem.

Eu não entendi na hora o que estava acontecendo e, contrariando as orientações, quis ir ao vestiário. A diretoria da Lusa havia mandado esvaziar tudo. Ainda me obrigaram a tirar a chuteira e deixar com alguém. Quando eu entrei, só havia um segurança.

— Cadê todo mundo?

— Foram todos para o ônibus. É pra ir pro ônibus.

Oto Glória, mais uma vez, estava coberto de razão. Abri a porta do vestiário e dei de cara com o Armando Marques.

Alguns jogadores e vários jornalistas haviam percebido o equívoco do árbitro na hora e, imediatamente, começou um burburinho no estádio. Todo mundo comentava o erro de cálculo do juiz. Quando a história chegou a seus ouvidos, Armando correu para tentar desfazer o engano. Só que era tarde demais.

Eu estava só de calção e atadura, que a gente usava enrolada nos pés para se proteger da pancadaria. Ainda não existiam essas caneleiras de plástico que hoje são obrigatórias por determinação da Fifa.

— Vamos voltar, vamos voltar — falou o Armando, num tom meio suplicante.

— Não dá. Não tem mais ninguém — respondi. — Foi todo mundo embora. Fiquei só eu. E como é que eu vou voltar desse jeito? Não tenho nem chuteira.

O juiz ficou tiririca, mas não podia fazer mais nada. Ele havia arrumado uma bela encrenca.

Assim que entrei, o ônibus deixou o Morumbi. No caminho, ficamos ouvindo rádio, para saber o que estava acontecendo. Estávamos agoniados. Queríamos que houvesse outro jogo, porque sabíamos que podíamos ganhar.

Nunca pensei que um título pudesse ser decidido em um banheiro, mas foi o que aconteceu. Por falta de lugar mais decente com um mínimo de privacidade, o presidente da Federação Paulista, José Ermírio de Moraes, se reuniu em um banheiro do Morumbi com os presidentes da Lusa, Oswaldo Teixeira Duarte, e do Santos, Vasco Fae.

Sem datas disponíveis no calendário — o Brasileiro começaria naquela mesma semana — e pressionado pelos dois clubes, Ermírio de Moraes apelou para uma saída salomônica: ali, na toalete, declarou as duas equipes campeãs.

Quando o rádio do ônibus anunciou o resultado, foi uma explosão de alegria. Festejamos muito. A Portuguesa, finalmente, voltava a conquistar um título importante.

Passado o primeiro momento de euforia, ficou aquela sensação esquisita de que havia algo errado. No dia seguinte, estávamos todos frustrados. Nós nos sentimos lesados. Nosso time vinha muito bem. Quando chegamos à final, tínhamos certeza de que sairíamos com a taça. Fomos campeões, mas não do jeito que a gente queria. Não saímos do estádio com o troféu, nem demos a volta olímpica. Na verdade, havíamos saído de campo como derrotados. Faltou extravasar a alegria do título dentro do gramado.

Na minha opinião, aquela decisão não agradou a ninguém. Nós achávamos que estávamos num melhor momento, tivemos um gol anulado no jogo e nos sentíamos injustiçados. O Santos tinha uma vantagem confortável nos pênaltis e achava que não perderia o título se as cobranças continuassem. A decisão só livrou mesmo a cara da federação, que se desfez de um pepino, e do juiz, que havia cometido a grande bobagem.

Mesmo sem aquele gosto de vitória, o título foi muito importante para todos nós. Deixamos nosso nome marcado na Portuguesa. O clube não era campeão havia muito tempo. E esse acabou sendo seu último título importante. Acho que foi também o último do Pelé no Santos.

Agora, em 2007, a Lusa voltou a conquistar o Campeonato Paulista, só que da segunda divisão. Coincidência ou não, pela terceira vez, no mesmo dia em que o Santos ganhava o título da primeira divisão. Que sina!

Comemorei meu primeiro título como profissional sem dar a volta olímpica. Mas não sentiria falta disso por muito tempo.

Sirene no Parque

Depois do título de 1973, a Portuguesa continuou com um time forte, mas não conseguiu repetir o feito no Paulistão de 1974. A campanha não foi lá muito boa e alguns atletas começaram a deixar a equipe. A Lusa começava um período de renovação.

Eu estava completando dez anos de clube entre amador e profissional e também achava que já era hora de sair.

Tinha um carinho muito grande pela Portuguesa, como tenho até hoje. Ela faz parte do meu currículo, da minha vida. Foi minha porta de entrada no futebol. Por isso, sempre que me perguntam sobre minha trajetória no mundo da bola, falo da Portuguesa. Gosto de dizer que nasci, cresci e me eduquei lá dentro.

Se os clubes adotassem essa filosofia, de preparar o jogador da base, respeitá-lo, criar um vínculo com ele e se preocupar com sua família, nós não veríamos tantos jogadores trocando de clube tão novos, indo às vezes para o exterior sem a menor maturidade. Haveria uma identidade maior entre o atleta e o clube, entre a torcida e seus ídolos.

Não sou contra o jogador se transferir. Sou contra esses contratos de um ano, às vezes seis meses, cujo único objetivo é valorizar o atleta para ele ser negociado. É preciso amadurecer o profissional da bola. Valorizá-lo, sim, como profissional, não como mercadoria. Porque isso ajuda a valorizar também o clube.

Mesmo que mais tarde o atleta tenha de ir para a Europa, onde as agremiações são financeiramente muito mais fortes que as equipes brasileiras — por enquanto, é impossível competir nesse aspecto —, pelo menos ele deixaria o país mais bem preparado, além de ter amortizado o investimento que o clube fez na sua formação.

A Portuguesa me deu esse respaldo — e sou muito grato por isso —, mas meu ciclo no clube do Canindé estava no fim. A diretoria, com o aval do presidente Oswaldo Teixeira Duarte, me autorizou a negociar minha transferência para a temporada de 1975.

Recebi duas propostas. Uma delas do Santos. Não tive dúvidas em aceitar o que me oferecia o clube da Vila Belmiro.

Fui chamado por um gerente de banco que era diretor do alvinegro em São Paulo. Não me lembro qual era seu nome, mas ele tinha o apelido de Gandula — por conta da baixa estatura, na época em que todos os gandulas eram garotos. Acertei tudo com ele na agência do banco em que ele trabalhava, no centro de São Paulo: contrato, luvas, base salarial. Saí do encontro com um cheque no valor das luvas e os 15% da transferência a que eu tinha direito.

Para mim, era um sonho. Iria jogar num dos maiores times do Brasil e do mundo. Pelé havia abandonado o futebol menos de um ano antes, e o Santos carecia de um ídolo, embora ainda contasse com grandes jogadores. Comecei a projetar meu futuro no clube, mas meu destino estava em outro alvinegro.

Para mim, só havia uma aspiração maior que aquela: jogar no Corinthians, o clube pelo qual havia me apaixonado na infância, quando pulava os muros do estádio do Pacaembu para me misturar à massa de torcedores mais fanática, empolgante e apaixonada que já tinha visto. Mas eu achava que não poderia mais realizar esse sonho. Já havia tentado fechar com o Corinthians duas vezes sem nenhum sucesso.

Quem mais cogitava de me levar para lá era exatamente o maior jogador da história do Parque São Jorge. No começo dos anos 1970, Rivellino convenceu a diretoria do Timão que meu jeito de atuar encaixava com o dele e que o time ia subir de produção se jogássemos lado a lado.

Para mim, era uma honra extraordinária saber que um craque que acabara de ser campeão do mundo com a seleção no México, na mais fabulosa Copa de todos os tempos, me queria como parceiro.

A recomendação que Riva fez de mim aos diretores do Corinthians me levou duas vezes ao Parque São Jorge para negociar minha contratação pelo clube. Nas duas ocasiões, conversei com o supervisor Almir de Almeida. Na primeira, não deu em nada. Na segunda, ganhei uma multa. A diretoria da Portuguesa descobriu minha visita ao clube, não sei como, e decidiu me punir com um corte no salário.

Era período de Carnaval. Acatando a sugestão de Rivellino, o pessoal do Parque São Jorge me chamou para uma conversa. Fui orientado a aproveitar a presença de um grande número de foliões no clube, para tentar passar incógnito.

Enfiei um boné na cabeça e entrei junto com a multidão, como se fosse para o salão, participar do baile. Já estavam me aguardando e me puxaram para uma sala próxima. Conversei com Almir de Almeida, e ele demonstrou interesse no meu passe. Explicou que era um pedido do Riva e por quê.

A conversa não foi conclusiva, mas saí de lá esperando que rendesse alguma coisa no futuro.

Na Quarta-Feira de Cinzas, cheguei cedo para treinar na Portuguesa, mas não recebi o uniforme de treino. Mandaram que eu me apresentasse à secretaria. Qual não foi minha surpresa quando me disseram que já sabiam da minha ida ao Corinthians, e que eu seria punido por negociar à revelia da Lusa. Ainda tentei me safar:

— Eu fui no Carnaval, só. Fui pular.

Não adiantou. A diretoria da Portuguesa sabia detalhes do encontro: com quem eu tinha conversado, sobre o que e até em que sala. Recebi uma multa, não me lembro de quanto, provavelmente 10% dos meus vencimentos. O valor não chegou a ser descontado. Mais tarde, o presidente Teixeira Duarte, que sempre foi muito camarada comigo, mandou desconsiderar a punição.

Depois de tanto atropelo, o assunto Corinthians parecia morto em minha vida. Por isso, quando fui autorizado a negociar com outras agremiações, nem me passava mais pela cabeça a possibilidade de atuar pelo Alvinegro de Parque São Jorge. Só que, quando uma coisa tem de acontecer, ela acontece na hora certa. Nem antes, nem depois.

Foi tudo muito rápido. Acho até que a diretoria do Corinthians ficou sabendo que eu havia acertado com o Santos, porque correu para reverter a situação. Provavelmente, souberam por intermédio de alguém da própria Portuguesa. A história não havia vazado para a imprensa ainda. Eu mesmo me comprometera com o diretor do Santos a guardar sigilo. O anúncio de minha contratação seria feito pelo presidente do clube, Vasco Fae, no dia seguinte.

Tudo mudou em poucas horas. À tarde, acertei com o Gandula. Na mesma noite, fui procurado — e contratado — pelo Timão.

Depois de fechar com o Santos, resolvi desaparecer. Sabia que as notícias correm e que os jornalistas muitas vezes farejam as coisas no ar. Não queria correr o risco de dar de cara com um repórter abelhudo. Antes de o presidente do Santos anunciar a transferência, ninguém poderia saber de nada.

Estava na casa da minha noiva, na moita, sabendo que havia um bocado de gente me procurando. Era quase meia noite quando meu pai apareceu por lá.

— O João Roberto está?

Minha noiva me disse:

— Seu pai.

Estranhei. Fiquei até preocupado de que pudesse ter acontecido algo sério. Pela janela, vi um carro que eu não conhecia, cheio de gente. Estavam acompanhando meu pai. Ele me falou:

— Os diretores do Corinthians estão atrás de você. Você precisa ir lá acertar.

— Mas eu já fechei com o Santos. Estou até com o cheque aqui — mostrei.

— É, eu sei, mas a diretoria da Portuguesa falou que pro Santos você não vai ser vendido.

— Como não? Eles me autorizaram a negociar.

— Mas o presidente, o doutor Oswaldo, falou que não. Ou você vai para o Corinthians ou permanece na Portuguesa.

Depois fiquei sabendo que havia acontecido algo no caminho entre Santos e Portuguesa, dois times que, historicamente, sempre se deram bem. Parece que era algum problema relacionado à saída do Marinho Peres do Canindé em direção à Vila Belmiro, dois ou três anos antes.

Descontente com alguma coisa que o Santos havia feito ou deixado de fazer, o presidente Teixeira Duarte resolveu encrencar com a transferência. A diretoria havia autorizado a mim e ao Xaxá a negociar com o clube da Baixada, mas ele resolveu vetar. O Xaxá foi para o Santos, mas eu tive de mudar o rumo. E, desde o começo, não achei nem um pouco ruim.

Entrei no carro e segui com o grupo até a casa do presidente do Corinthians, Vicente Matheus, no bairro do Tatuapé. Foi nosso primeiro contato. Ele foi prático e rápido, como seria, sempre, pelos anos seguintes. Na verdade, meu pai já havia acertado praticamente tudo com o Corinthians. Então, seu Vicente foi direto ao assunto:

— Quem ganha mais aqui é Vaguinho, Zé Maria, e Wladimir que reformou contrato agora. Você vai ganhar tanto. Tem direito aos 15%. Nós vamos te pagar, não vai ser a Portuguesa. E tem as luvas.

Ele falava com a certeza absoluta de que eu iria aceitar as condições.

Aceitei na hora e acabei fechando com o Corinthians. No dia seguinte, acordei cedo e fui para o centro da cidade. Esperei o banco abrir e procurei o Gandula, expliquei a situação e devolvi o cheque. Ele foi compreensivo.

— Eu sei, entendo. Até já tive a notícia. O presidente do Santos soube que você acertou com o Corinthians.

As notícias realmente correm! Eu havia acertado minha situação poucas horas antes, naquela mesma madrugada, e toda a diretoria do Santos já estava sabendo. Mas o clube da Baixada foi de uma dignidade muito grande. Aceitou minha opção e me tratou com respeito. Um respeito que hoje a gente não vê tanto e que talvez contribua para que haja tanta guerra no futebol, fora dos gramados.

Com todo o respeito que tenho para com todos os clubes, se tivesse ido para o Santos, eu não seria o Basílio que sou hoje. Não teria sido campeão paulista, não teria feito o gol do título e não passaria para a história. Por isso acredito que isso é coisa lá do céu, mesmo. Ele sempre mostra o caminho da gente. Meu caminho era o Corinthians. Desde a infância.

Eu estava realizando um sonho, só que não podia imaginar como seria bem tratado no Parque. Foi uma coisa muito gratificante. Eu nem imaginava a repercussão que a minha contratação iria proporcionar.

Fui recebido com toda a pompa e toda a festa que só o Corinthians sabe fazer e que sempre faz naquilo que o clube considera ser uma grande contratação. Cheguei ao Parque São Jorge ao som de uma sirene, tradição no clube, e embaixo de muitos fogos. Fiquei arrepiado de emoção ao ver a alameda no interior do Parque, coberta de torcedores.

Fui muito bem recebido também pelo elenco. Alguns, como o Zé Maria, eu já conhecia e eram meus amigos. Mas havia muitos jogadores espetaculares, grandes nomes na história do clube, que me trataram com muito carinho: Zé Roberto, César, Wladimir, Ruço, Ademir, Adãozinho e muitos outros.

O mais incrível da minha ida para o Corinthians é que eu fui contratado para substituir o maior ídolo da história do clube. O mesmo jogador que queria me ver ao seu lado no meio campo do Alvinegro. Mas Rivellino havia saído de lá de forma melancólica.

O Corinthians vinha de vinte anos sem conquista, quando chegou à final do Paulistão contra o Palmeiras, em 1974. A derrota por 1 a 0 na partida final fez um enorme estrago no ambiente do clube. A diretoria, num gesto duvidoso, resolveu dar uma satisfação à torcida. Rivellino foi velada e injustamente apontado como um dos responsáveis pelo fracasso. Deixou o Timão, negociado com o Fluminense.

Depois da saída do Reizinho do Parque, Adãozinho chegou com a dura missão de substituir o maior ídolo da

Fiel. Eu, particularmente, considerava Adãozinho um superjogador. A habilidade que ele tinha, os lançamentos que fazia, o modo de tocar na bola, demonstravam o quanto ele entendia de jogar futebol. Por uma daquelas tramas da vida, nem toda sua destreza em campo foi suficiente para fazê-lo vingar como substituto do Riva. E o vácuo que se criou no meio de campo do Timão abriu a possibilidade para minha contratação.

Cheguei a jogar com o Adão e não entendia por que o clube não achava que ele desse conta do recado. O que eu via em campo mostrava justamente o contrário. Hoje eu sei: aquilo tudo não passou de mais uma tentativa da diretoria de se justificar com a torcida.

Primeiro pelo fato de o time ter perdido o Campeonato de 1974 de forma boba. Segundo pela decisão não muito inteligente de dispensar o Reizinho. Riva havia sido considerado o melhor jogador da seleção na frustrante Copa de 1974, na Alemanha. Foi para o Rio, começou a fazer gols, sagrou-se campeão carioca pelo Flu.

A grande injustiça com ele ficou ainda mais clara no jogo de estréia, um amistoso em que a renda foi usada para pagar parte da transferência. Riva fez três gols. O Fluminense goleou o Corinthians por 4 a 1 no Maracanã. Aquilo era demais até para uma torcida com fama de sofredora, como a Fiel.

Cheguei ao Parque São Jorge com muita vontade de ser campeão e de brigar pelo time. Não pensei em ser o nome do time nem em ocupar o lugar que Rivellino havia conquistado no coração dos corintianos. Isso provavelmente me ajudou bastante. Em pouco tempo, me entrosei dentro e fora do campo. Estava à vontade. Mas logo vi que as coisas não seriam tão fáceis.

Quando saí da Portuguesa, chorei muito. Até os dirigentes choraram comigo. Foram dez anos de clube, e a emoção da despedida foi muito grande. Quando fui à sede assinar a rescisão do contrato, muita gente da Lusa dizia que eu estava indo para um cemitério. O Corinthians tinha uma péssima fama.

— Todo mundo que vai pra lá encerra a carreira ou some — diziam.

— Vocês vão ouvir falar muito de mim, durante um bom tempo — foi a minha resposta.

E ouviram. Logo na minha primeira temporada, fraturei a perna e fiquei de fora da maior parte da campanha de 1975. Lembrei do que o pessoal da Portuguesa me disse e decidi quebrar aquele incômodo tabu.

Aquele e outros.

Ao lado da irmã Neide e de um coleguinha de infância, na Casa Verde.

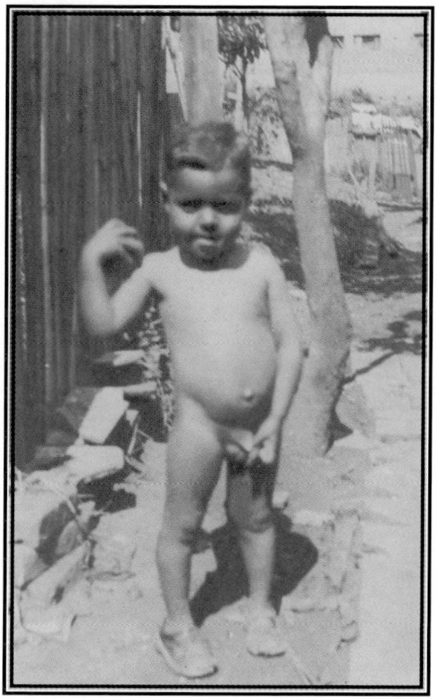

Inocência: Basílio segura uma das paixões da infância, a maçã, na mão direita.

Do outro lado: no Pacaembu, contra o time do coração.

Na Portuguesa, o time que ousou rivalizar com o Santos de Pelé.

Com a 9: ainda como atacante, enfrentando o Corinthians de Rivellino.

A Fabulosa: o time da Lusa que venceu a Taça São Paulo antes de dividir o Paulistão com o Santos.

Ainda na Lusa, contra o amigo e futuro parceiro Zé Maria.

Na Portuguesa, em uma das melhores formações do time do Canindé.

No final dos anos 60, defendendo as cores da Portuguesa.

Ao lado do parceiro Enéas, o craque que o empurrou para o meio-campo.

Com a faixa de campeão na Portuguesa, no polêmico título dividido com o Santos.

Artilheiro nato: com oportunismo, deixando a fã sem defesa.

De black power, fazendo o gênero introspectivo.

Com a camisa do Milionários, em uma das muitas atuações na Várzea.

Dia de treinamento: ainda à paisana, à beira do terrão.

Dor: Dona Nair e Ronaldo se encarregam do consolo, depois da fratura no primeiro ano de Corinthians.

Quebrando a rotina: o telefone era a válvula de escape na concentração.

Estiloso: desembarcando em Congonhas, de calça apertada, boca-de-sino e óculos ray-ban.

Um dia de capitão: no Pacaembu, discutindo com o árbitro Romualdo Arpi Filho.

O ponto alto da carreira: comemorando o gol que pôs fim ao jejum corintiano de quase 23 anos.

Na invasão do Maracanã, com Rivellino e Neca.

Na televisão, com o apresentador e "mulatólogo" Oswaldo Sargentelli.

Jantando com o amigo e parceiro permanente Serginho Chulapa.

Com Ana Maria, no dia do casamento.

Uma imagem rara: acompanhado do pai, seu Milton.

Como auxiliar técnico do time de base do Corinthians, durante excursão ao Japão.

A família unida: Júnior, Ana Maria, Bruna, Tuta e Roberta.

NA TRAVE

Apesar de todas as frustrações, a torcida corintiana sempre teve um comportamento exemplar durante os quase 23 anos em que o time ficou sem títulos. O corintiano era alvo de gozação, mas também brincava com aquilo. Ria da própria desgraça, muitas vezes se referindo a si próprio como "sofredor". O que o torcedor nunca admitiu foi corpo mole. O jogador não precisava ser um craque, mas tinha obrigação de dar o sangue pelo Timão.

Se a torcida cobrava e exigia empenho, espírito de luta, os jogadores jamais deixaram de se entregar com garra. Pelo menos era assim, na época em que atuei pela equipe. Quando a gente encontrava um torcedor, ele sempre cobrava:

— Vamos lá. Não podemos perder.

Mas sempre num clima de respeito. Mais um incentivo do que uma cobrança propriamente dita. A torcida não queria intimidar ninguém. Mesmo com uma campanha muito ruim em 1975, ninguém entrou em desespero. O que se dizia muito na época dentro do Parque São Jorge era que o Corinthians não perdia para os adversários. Perdia para si mesmo. Por problemas internos, erros ou falta de experiência.

Por isso, Vicente Matheus começou a montar um time experiente para a temporada de 1976. Não era um time com grandes destaques individuais, mas era muito bom no conjunto. A receita ideal só se consumou no ano seguinte, quando o time tinha maturidade, juventude e equilíbrio nas doses certas. Mas aquela temporada foi o embrião que permitiu as conquistas que viriam depois.

Fizemos em 1976 uma campanha claudicante, irregular, cheia de altos e baixos, mas com o time crescendo ao longo do ano. Recuperado da fratura na perna, voltei a disputar uma vaga na equipe titular.

No Campeonato Paulista, o desempenho não foi dos melhores. Estávamos bem na competição, mas começamos a sofrer algumas derrotas em seqüência que comprometeram as nossas chances. Houve várias trocas de técnico. Milton Buzetto deixou o clube após algumas derrotas. Filpo Nuñes assumiu, mas durou pouco, cerca de dois meses. Até Luiz Moraes, o ex-goleiro Cabeção, assumiu o cargo de treinador interinamente, até a chegada de David Ferreira, o Duque.

Terminamos o Paulistão em 11º lugar, uma posição muito aquém da grandeza e das pretensões do clube. Mas entramos bem na disputa do Campeonato Brasileiro, já no fim do ano. Para surpresa de muitos, chegamos à reta final atropelando.

Foi então que aconteceu uma das cenas mais bonitas que já vi no futebol: um episódio que ficou conhecido nacionalmente como "a invasão do Maracanã".

Melhor do que ver a invasão foi ter feito parte dela. Acho que tanto eu quanto os outros jogadores estamos de acordo com isso. Para a torcida, então, deve ter sido um momento único, mágico, indefinível.

O Corinthians foi passando pelas fases do Brasileirão. Quando vimos, estávamos na semifinal, de frente para o

Fluminense, um dos mais fortes candidatos ao título daquele ano. E a torcida deu um *show* de confiança e amor ao clube como nenhuma outra já deu ou dará.

A invasão ao Rio é uma coisa que nunca mais vai acontecer. Aquilo foi um feito que só o Corinthians seria capaz de executar. Nem na final do Mundial Interclubes de 2000, contra o Vasco, disputada no mesmo Maracanã, aconteceu algo semelhante.

O Fluminense tinha um time de valor. Havia sido campeão no Rio naquele ano. Rivellino deixara de ser o Reizinho do Parque e agora desfilava sua majestade pelo time do bairro de Laranjeiras. Ele era praticamente maestro de uma orquestra afinadíssima, que contava com jogadores como Paulo Cézar Caju, o capitão do tri Carlos Alberto Torres, Carlos Alberto Pintinho, Félix, Gil e muitos outros. E o comando estava nas mãos do experiente técnico Mário Travaglini.

Nosso time era muito mais humilde. Em condições normais, não faríamos nem sombra para aquele Fluminense. Mas aquelas não eram condições normais. O grupo estava muito mais unido que nas campanhas anteriores. Era uma equipe guerreira, batalhadora, que não se entregava nunca. E foi isso mais o tempo ruim na Cidade Maravilhosa que nos ajudaram a seguir em frente. Aquela partida tornou-se um marco na minha carreira e na de todos que estiveram em campo na tarde daquele domingo. Foi uma verdadeira demonstração do que é jogar pelo Corinthians.

Antes de sairmos de São Paulo já tínhamos ouvido falar que a torcida corintiana invadiria o Rio de Janeiro, mas não nos déramos conta da dimensão daquele momento.

Saímos de São Paulo, no começo da tarde, pela ponte aérea, um dia antes do jogo. Quando estávamos indo de ônibus para o hotel Nacional, ali pelos lados da Barra da Tijuca, passamos pela orla — Leme, Copacabana, Ipanema, Leblon — e vimos centenas de bandeiras do Timão na areia. O dia estava lindo, ensolarado, gostoso. E a massa corintiana tomara conta de tudo. Aquilo nos impressionou profundamente, mas ainda era pouco, perto do que veríamos no estádio.

Até no hotel em que o time ficaria concentrado havia torcedor. Alguns dos hóspedes eram gente que eu conhecia da Casa Verde e do Parque Peruche, amigos meus de muito tempo, que foram prestigiar o time e a mim.

Nunca vou esquecer aquele dia 5 de dezembro de 1976. Depois de um sábado maravilhoso, caiu aquele pé d'água fenomenal durante o dia. Fomos para o estádio ainda debaixo de chuva. Saímos do ônibus e seguimos direto para o vestiário. Estávamos nos trocando, quando o barulho que vinha das arquibancadas chamou minha atenção. Fui o primeiro a dar uma espiada. Subi as escadas, cheguei à beira do campo. Meu queixo caiu. Chamei todo mundo:

— Corre, corre, corre!

Os mais curiosos já vieram correndo. Um colega de time, não lembro quem, comentou:

— Gente, o que é isso? Está dividido. A torcida do Corinthians invadiu o Rio de Janeiro.

Só então percebi que o Maracanã, na época o maior estádio do mundo, estava dividido praticamente por igual. Nos anéis inferiores do Maracanã, onde ficava a geral — que já não existe mais —, só tinha corintiano. Era inacreditável.

— Gente, olha os anéis de baixo. Lá em cima tá dividido, mas olha aqui embaixo.

Até hoje eu lembro e fico arrepiado. Descemos para o vestiário e falamos pra quem não tinha visto ainda:

— Vocês não vão acreditar. Vão ver o que os caras fizeram.

— Conta aí...

— Vai lá ver.

Teve gente que saiu do vestiário de chinelo, com atadura colocada até a metade da perna. Todo mundo ficou encantado com aquela loucura. Só mesmo a torcida corintiana para fazer aquilo.

Depois do jogo, corremos para o hotel para ver o que havia acontecido. Acompanhamos a saída do comboio pela televisão. Centenas de ônibus enfileirados deixando o Rio de Janeiro. De modo absolutamente ordeiro. As estimativas diziam que havia 70 mil corintianos no estádio, praticamente metade das 150 mil pessoas que foram ao jogo. Só que o barulho e a festa que faziam eram tão grandes que dava a impressão de que os torcedores do Timão eram maioria, engolindo a galera do Flu. Ali eu tive a certeza de que a torcida do Corinthians é maluca. Muito maluca. E fiel.

Foi um jogo heróico. A chuva que caíra antes e castigou o gramado durante boa parte do jogo era benéfica para nós. O time do Fluminense, muito mais leve, muito mais técnico, não podia desempenhar todo seu futebol naquelas condições. O Flu tinha um toque de bola envolvente. Se o campo estivesse seco, sairia com tudo para cima do Timão e, quase com certeza, chegaria facilmente à vitória.

Mesmo com condições menos favoráveis, o tricolor tentou mandar no jogo. Saímos perdendo, gol marcado por Carlos Alberto Pintinho, mas Ruço empatou com um golaço de meia-bicicleta — e correu pelo gramado, atravessando o campo inteiro, mandando beijos para a Fiel.

Para reduzirmos o risco de levar o segundo gol, aumentamos a nossa pegada e não deixamos o Flu jogar. Eu imagino a sede com que o Rivellino estava de vencer aquela partida. Foi um tremendo de um jogo, mesmo depois que o gramado virou um lamaçal. Acabou com o placar justíssimo de 1 a 1, após o tempo normal e a prorrogação.

Lá ia eu, de novo, disputar uma decisão por pênaltis debaixo d'água. Pedi para o treinador:

— Se eu for bater, quero bater primeiro.

— Não — respondeu Duque. — A torcida gosta de você. Você vai ficar por último.

Mais uma vez, a exemplo do que ocorrera na final de 1973, não tive a oportunidade — nem a responsabilidade — de efetuar uma cobrança de pênalti num jogo decisivo. A essa altura, quem olhasse de dentro do campo veria o presidente Vicente Matheus rezando na boca do túnel que leva aos vestiários.

Quem se consagrou nas cobranças foi nosso grande goleiro Tobias. Batemos o primeiro pênalti com o Neca e fizemos 1 a 0. Rodrigues Neto bateu forte, e o goleirão pegou. O juiz mandou voltar, alegando que ele havia se mexido antes da hora. Achando que Tobias ia tentar adivinhar o canto, Rodrigues Neto bateu bem no meio do gol. Tobias pegou de novo. Ruço fez e aumentou a vantagem para 2 a 0. Pintinho diminuiu para o Flu. Moisés, com categoria, ampliou a vantagem. Carlos Alberto bateu, e Tobias salvou mais um. A massa corintiana no Maracanã foi ao delírio.

Com três pênaltis batidos para cada lado, vencíamos por 3 a 1. Como não havia Armando Marques para encerrar a disputa antes da hora, Zé Maria efetuou a quarta cobrança e pôs fim na angústia. Gol. Corinthians 4 a 1, com duas penalidades defendidas pelo nosso goleiro. Não adiantava mais o Flu bater os dois pênaltis que faltavam. Festa corintiana no Maracanã e em toda a cidade do Rio de Janeiro. Aliás, a noite foi pequena para o torcedor festejar. No dia seguinte, ainda havia corintianos nas ruas do Rio.

— Daqui nós vamos para Porto Alegre — diziam alguns que estavam hospedados no mesmo hotel que o time.

Faltava uma semana para a final contra o Internacional, mas eles saíram do Rio direto para o sul. Alguns passaram em São Paulo só para tomar banho, comer alguma coisa e pegar roupa antes de cair na estrada. Inclusive os meus amigos da Casa Verde e do Peruche.

Foi uma coisa consagradora para todos nós que estávamos naquele time. Ali, o Corinthians deu uma demonstração de que a coisa estava se aproximando. O título era uma questão de tempo. Ao voltar para São Paulo, fomos recebidos na porta do avião pelo governador do estado, Paulo Egídio Martins. O clima era de absoluta euforia.

Mesmo sem um grupo de torcedores tão grande para incentivar, seguimos para Porto Alegre confiantes. Só que, chegando lá, fomos atrapalhados por fatores extracampo.

O principal deles foi um desentendimento por conta da premiação em caso de vitória. Seu Matheus estava acostumado a chamar dois ou três atletas, representantes do grupo, para discutir a respeito de premiação. Na manhã daquele domingo, dia do jogo decisivo, ele achou que tinha que falar com o grupo todo.

Foi uma péssima idéia. A reunião fugiu do controle e, o que é pior, ele não queria aumentar a premiação pelo título. Os jogadores achavam que tinham direito a um valor mais polpudo, porque o time poderia fechar 22 anos sem conquistas erguendo logo a taça do Brasileirão, um Campeonato ainda recente, criado em 1971, no qual o principal rival, o Palmeiras, já havia sido campeão duas vezes.

Matheus era um homem muito inteligente, um ótimo negociador, mas às vezes sua cabeça dura sobressaía a tudo numa discussão. Ele ficou irredutível, manteve o valor da premiação e encerrou o assunto sem dar chances a novas argumentações. Aquilo revoltou demais alguns jogadores.

Terminada a reunião, vários atletas estavam descontrolados. Saquearam a geladeira dele. Roubaram as garrafinhas de bebida, quebraram copos, atiraram objetos contra a parede. Foi uma coisa muito desagradável, que só colaborou para que o desempenho em campo, contra o fortíssimo time do Inter, fosse ainda mais prejudicado.

Também tivemos problemas no estádio do Beira Rio. As instalações não tinham a menor condição de nos receber. Havia um cheiro forte de inseticida no vestiário, que afetou a vista e o nariz de todo mundo. O clube reclamou e o Inter providenciou um outro vestiário, menor, mais acanhado.

Na noite anterior, já havíamos dormido mal, devido a um comportamento que considero reprovável, que já existia naquela época e, pelo que se tem notícia, ocorre até hoje. A torcida do Internacional passava na rua do hotel buzinando e soltando fogos. Fizeram isso a noite inteira.

Mas o grande fator decisivo daquele jogo foi a extraordinária fase que o Internacional atravessava. Era um timaço, com Marinho Peres, Figueroa, Falcão, Dario (o Dadá Maravilha), Valdomiro e Lula, entre outros. Duque repetiu a equipe que havia jogado contra o Flu na esperança de que a euforia fizesse efeito, mas os gaúchos mandaram no jogo do começo ao fim.

Com gols de Valdomiro e Dadá, o Inter abriu 2 a 0 e tomou a taça de campeão brasileiro das mãos do Timão. Mais uma vez, o Corinthians batia na trave.

Voltamos para São Paulo de cabeça erguida, cientes de que não faltou empenho e de que enfrentamos um adversário fortíssimo, fora de casa. Novamente fomos recebidos pelo governador. Os torcedores foram às ruas e aplaudiram o time. Assim é o Corinthians. A torcida é apaixonada, fanática, quer vencer sempre, mas tem uma cumplicidade tão grande com a equipe que é capaz de dar apoio nas horas mais difíceis e sofridas.

Terminamos 1976 bastante frustrados, mas eu tinha um sonho. Queria ser campeão pelo Corinthians. Só não imaginava que isso pudesse ocorrer tão depressa. Nem de uma maneira tão especial para mim.

Campanha dramática

O ano de 1977 começou festivo. Mesmo depois de ter perdido dois campeonatos, a torcida continuava tranqüila. Parece que todo mundo sentia que se aproximava o momento em que aquele jejum chegaria ao fim. Superado o episódio entre os jogadores e o presidente em Porto Alegre, Vicente Matheus continuou investindo no time. Alguns atletas pediram para sair, outros foram chegando.

No Brasil, ser segundo significa se tornar o primeiro entre os perdedores. Em geral, é mais fácil perdoar o treinador que não chegou à final, mas também não levou o time para a segunda divisão, do que aquele que foi vice-campeão. No Corinthians daquela época, então, nem se fale. Era uma raridade o treinador permanecer no clube depois de cada campeonato. Mesmo assim, Duque foi mantido no comando da comissão técnica.

O Campeonato Paulista começou em fevereiro. Pelo menos dois jogadores que eram titulares no ano anterior e seriam titulares na fase final do certame estavam no banco: Ruço e eu. Além desses, o time ainda tinha alguns outros desfalques. Romeu também havia perdido lugar no time. Wladimir não conseguia renovar o contrato e nem jogou o começo da temporada.

Vaguinho, que havia saído, estava voltando. Palhinha foi contratado junto ao Cruzeiro. No ano anterior, ele havia se tornado artilheiro da Taça Libertadores da América, vencida pelo time mineiro. A vinda do Palha era um grande investimento. Matheus apostava todas as suas fichas nessa grande contratação para ficar em paz com a torcida, coisa que a diretoria não conseguia desde a saída de Rivellino.

Havia muita movimentação no elenco, apesar de o clima ser de absoluta tranqüilidade.

O Palha estreou num domingo de manhã. Tinha dessas coisas, naqueles tempos. O Corinthians jogou no Morumbi às 11h da manhã de um domingo contra o Guarani de Campinas. Uma humilhante derrota por 3 a 0 levou a uma das coisas mais óbvias do futebol: a queda do treinador. Duque saiu. Ele havia resistido à perda do título, mas não à goleada dentro de casa.

Chegaram Oswaldo Brandão e uma nova comissão técnica.

A nova comissão era extensa, cheia de bons profissionais. Havia até uma pessoa no grupo que estava acostumada a fazer o trabalho de biorritmo, uma espécie de estudo do ciclo biológico de cada pessoa, que procura mostrar quais são os períodos de altos e baixos da vida de cada um.

Essa pessoa avaliava os atletas com base no biorritmo e entregava os resultados para o preparador físico, o professor José de Souza Teixeira. Acho até que ele seguia uma parte das conclusões no trabalho dele de preparação física, mas o resultado não chegava até nós, jogadores, para não nos influenciar.

Normalmente, a gente só ficava sabendo a tendência de cada um depois dos jogos. Aí vinha aquela curiosidade para conferir o que havia sido dito antes da partida, para ver se batia com os fatos. Todo mundo queria testar, discutir, ver se aquele negócio de biorritmo funcionava mesmo. Na maioria das vezes que observei, até que dava certo.

O mais importante nem era isso, mas o trabalho que começou a ser feito. O de preparar o time para o que desse e viesse.

Brandão, sempre muito inteligente, se cercou de pessoas bem qualificadas. Para o cargo de auxiliar técnico, levou o experiente João Avelino. Com essa dupla, mais o professor Teixeira como preparador físico, começou verdadeiramente uma nova fase na vida do Corinthians.

Não é à toa que Brandão foi muitas vezes campeão nos clubes por onde passou, principalmente São Paulo e Palmeiras. Além de ter o time nas mãos, ele sabia usar muito bem o lado psicológico. Sabia colocar na cabeça do jogador o que era preciso ser feito, sem fugir das características de cada atleta. Agora, quando o adversário estava com a posse da bola, ele orientava o time inteiro a ter uma pegada forte — leal, mas forte — e não permitir que o time rival jogasse.

Ele fazia cada jogador se sentir grande, importante. Dava moral.

— Você está jogando em time grande, não tem que se preocupar — costumava dizer, para tirar a responsabilidade de nossas costas. — Os outros é que vão ter de se virar pra ganhar da gente.

A chegada de Brandão e sua comissão técnica ajudou a reforçar duas características importantes do grupo. O Corinthians de 1977 era um time tranqüilo e experiente. Igualzinho ao novo técnico.

Ali, todo mundo estava habituado à pressão. Todos já haviam sido campeões pelo menos uma vez e estavam preparados para enfrentar qualquer situação do futebol sem tremer. O Zé Maria, por exemplo, havia começado como eu na Portuguesa, mas saiu de lá para o Corinthians antes do título de 1973. Só que foi campeão do mundo pela seleção brasileira no México, em 1970, como reserva do capitão Carlos Alberto Torres.

Os demais traziam a tranqüilidade no semblante: Geraldão, Ruço, Moisés, Ademir. O Wladimir, então, era um reloginho. Nada o abalava.

Foi nesse clima que o grupo começou a subir de produção até chegar às finais do Campeonato Paulista. Mesmo assim, a classificação não foi nada fácil.

O torneio era longo, dividido em turno, returno e fase final. Só nos classificamos entre os oito finalistas na última rodada, no dia 31 de agosto de 1977, quando vencemos o Palmeiras no Morumbi por 1 a 0, gol do Geraldão.

No domingo anterior, havíamos vencido o São Paulo, também por 1 a 0. Foram essas duas vitórias, sobre os maiores rivais, que nos deram condições de disputar o título. Acabamos empatados em pontos com a Ponte Preta — já classificada pela campanha do primeiro turno —, mas com uma vitória a mais.

O jogo decisivo para a classificação havia sido uma guerra, porque o Palmeiras queria vencer para nos deixar de fora da briga pelo título. Quando a batalha acabou, nos vestiários, Brandão cumprimentou um por um e avisou:

— O Campeonato vai começar agora.

Impressionante a visão que tinha aquele homem. De fato, a fase final foi um Campeonato à parte, só com as oito melhores equipes: Corinthians, São Paulo, Palmeiras, Portuguesa, Santos, Ponte Preta, Guarani e Botafogo de Ribeirão Preto.

O Campeonato Paulista ainda era o maior torneio de futebol do Brasil. Com as dificuldades para se viajar e também nas comunicações, o Paulistão tinha uma importância muito maior que a que tem hoje. Já o Brasileiro era um torneio de tiro mais curto. O Paulistão daquele ano começou em fevereiro e terminou em outubro, enquanto o Campeonato Brasileiro foi disputado apenas nos três últimos meses de 1977.

As oito equipes classificadas para a fase final foram divididas em dois grupos. Todos jogavam contra todos. Os campeões de cada grupo disputariam o título em melhor de cinco pontos, em duas ou três partidas. É bom lembrar que, naquele tempo, a vitória valia dois pontos apenas. Então, se cada time vencesse um jogo ou houvesse dois empates, ninguém teria atingido o mínimo de três pontos — maioria em cinco — para se sagrar campeão.

O regulamento era muito estranho. Previa que, em caso de igualdade ao final da terceira partida, haveria prorrogação sem decisão por pênaltis. Se houvesse uma vitória para cada lado e empate no terceiro jogo — ou três empates —, cada time teria três pontos e, portanto, a idéia de melhor de cinco pontos cairia por terra. Ficou definido, então, que a prorrogação seria considerada como um outro jogo e, caso terminasse empatada, a conquista ficaria com o time de melhor campanha ao longo do certame, sem pênaltis.

No primeiro jogo da fase final, começamos levando um 2 a 0 para o Santos, na Vila Belmiro, logo no primeiro tempo. Com aquela garra que só o Timão tem, corremos atrás do resultado e arrancamos, num 2 a 2, nosso primeiro e importantíssimo ponto.

No outro grupo, a Ponte Preta começava uma arrancada tranqüila e sem rivais rumo à liderança com um 2 a 0 no dérbi contra o Guarani.

Os jornais da segunda-feira narravam o empate heróico na Vila com bastante destaque, mas um outro assunto chamava a atenção nas páginas esportivas: violência entre torcidas. Foi um período muito ruim, com vários incidentes lamentáveis, brigas em jogos do São Paulo e do Palmeiras. Mas o que mais chocou foi uma agressão covarde a jogadores do Internacional de Porto Alegre, feita por torcedores que invadiram o gramado, nas finais do Campeonato Gaúcho, contra o Grêmio.

No domingo, 10 de setembro, o Corinthians enfrentaria a Ponte Preta, no Morumbi, pela terceira vez naquele mesmo campeonato. E, pela terceira vez, a Macaca venceu: 1 a 0, gol de Rui Rei, um velho carrasco corintiano. Nas três partidas em que havíamos enfrentado o time de Campinas, ele havia feito gol.

Com a derrota, o Timão caiu para a terceira colocação entre os quatro clubes do grupo e viu suas chances de levantar o caneco diminuírem consideravelmente. A Ponte seguia em frente, acumulando pontos. O Corinthians ia naufragando em seu grupo, dando toda a pinta de que o jejum de títulos ainda ia durar bastante.

O sempre folclórico presidente Vicente Matheus tratava de incentivar a nação corintiana com seus lances de *marketing*, antes mesmo de o *marketing* tomar conta do esporte. Matheus viajou a Porto Alegre e mandou avisar: ia trazer para o Parque São Jorge os craques Falcão e Caçapava, do Internacional. As encenações não deram em nada e, acho, nem tiveram efeito sobre o elenco. Todo mundo continuava lutando pela classificação, mesmo quem não acreditava mais nela.

Na terceira rodada, vencemos o Palmeiras, 2 a 0. Só que o São Paulo liderava nosso grupo e a Ponte já era a sensação das finais, com três vitórias consecutivas. O técnico da seleção, Claudio Coutinho, até se animou em deixar o Rio de Janeiro para assistir aos jogos da Macaca na reta decisiva do campeonato.

O time de Campinas apresentava, inegavelmente, o melhor futebol. Tinha um grande goleiro, Carlos, que logo estaria na seleção brasileira — e iria para o Corinthians —, um dos mais refinados zagueiros do futebol brasileiro, Oscar, um meio-campo mágico, comandado por Dicá, e o artilheiro do campeonato, Rui Rei.

Depois de vencermos o Palmeiras, perdemos para o Guarani, no Pacaembu, já na segunda quinzena de setembro. O clima no Parque São Jorge ficou pesado. O sangue espanhol de Vicente Matheus entrou em ebulição, e ele esculhambou com o time inteiro, dentro do vestiário.

Pelo investimento que o clube havia feito, principalmente com a contratação de Palhinha, ele achava que aquilo não poderia ter ocorrido. Descontrolado como poucas vezes aconteceu, aos gritos, ameaçou mandar todo mundo embora.

Aí entraram em campo a sabedoria e a experiência do velho Brandão. O treinador peitou o esquentado presidente do clube.

— O senhor não venha para o vestiário com este temperamento, não. Por favor, pode se retirar, deixa eu ficar com os jogadores.

Brandão tinha uma autoridade moral inegável. Matheus saiu calado.

O time ainda estava tomando banho quando o treinador falou, na maior serenidade:

— Olha aí. Nós vamos dar a arrancada no domingo. Vamos buscar a classificação no domingo.

O jogo do domingo seguinte era em Ribeirão Preto, contra o Botafogo, time que acabara de revelar mais um craque, o doutor Sócrates, com quem tive o prazer de jogar pouco tempo depois, no próprio Corinthians.

Ganhar do Botafogo em Ribeirão não era exatamente

uma tarefa fácil. O time do interior, ao lado da Ponte, era uma das sensações do torneio. Os dois ameaçavam acabar com a alegria da federação, já que a fase final parecia claramente preparada para colocar dois dos quatro times grandes na decisão.

Além de difícil, a tarefa poderia se tornar inútil. Era quase impossível, àquela altura, alcançar o São Paulo. O tricolor estava com oito pontos. Nós tínhamos apenas três. A grande decisão parecia cada vez mais distante do Parque São Jorge.

Vencemos o Botafogo por 1 a 0 e fomos enfrentar a Portuguesa. O Corinthians ainda era o terceiro colocado quando bateu a Lusa no Morumbi, também por 1 a 0, gol de Geraldo. Na última rodada de classificação da fase final, coincidiu de termos de decidir a vaga contra o São Paulo.

O tricolor do Morumbi começara a terceira fase como o bicho-papão do nosso grupo e, talvez por se considerar na final, andou perdendo alguns pontos bobos. Ainda estava com os mesmos oito pontos, mas nós havíamos chegado a sete (um empate e três vitórias em seis jogos). A vantagem ainda era são-paulina. O clube do Morumbi passaria à final com um simples empate, jogando em casa.

O jogo estava marcado para o dia 2 de outubro, domingo de um fim de semana que seria especial para o futebol. No sábado, dia 1º, Pelé disputou sua última partida como jogador profissional. E ainda fez um gol na vitória do Cosmos por 2 a 1 sobre o Santos, em Nova York. Apesar da segunda despedida do Rei, o assunto mais importante era mesmo a possibilidade de o Corinthians renascer das cinzas no Paulistão, superar o São Paulo e chegar às finais com chances de se sagrar campeão depois de quase 23 anos de espera. Àquela altura, só o São Paulo e a Ponte Preta poderiam impedir esse feito.

Nunca escolhi adversário. Ao longo de toda a minha

carreira, jamais me preocupei se o jogo era contra o Santos, o Flamengo, o Palmeiras ou um clube pequeno num gramado esburacado do interior. Eu só queria jogar, e o adversário, para mim, nunca fez a menor diferença.

Há jogadores, porém, que parecem ter nascido para ser carrascos de um determinado adversário. Com o Geraldão era mais ou menos assim. Ele foi um artilheiro, um dos maiores da história do Corinthians, mas parece que tinha algo especial quando enfrentava o São Paulo. Sempre metia um gol.

Não foi diferente naquela partida. O primeiro gol foi dele. Romeu marcou mais um para o Timão e, quando Serginho descontou, já não havia tempo para o empate. Vencemos por 2 a 1, num jogo disputadíssimo e emocionante até o final. Ressurgimos das cinzas mais fortes do que nunca e estávamos de novo em uma final de campeonato.

Como o velho Brandão havia dito.

Só que o sentimento dos atletas, que era de absoluta confiança na capacidade do time de se superar e chegar ao título, não era compartilhado inteiramente pela torcida. É claro que a Fiel queria ver o Corinthians campeão e sonhava com a conquista, mas havia um clima de desconfiança no ar.

Torcedores e diretoria já não demonstravam tanta certeza de que poderíamos erguer a taça. As imagens das derrotas de 1974 e 1976 ainda estavam muito frescas na memória, e começaram a assombrar todo mundo. A pergunta que se fazia era de onde o clube ia tirar forças para superar os traumas e romper com um tabu que resistia a tudo.

A resposta estava bem ali, sentada no banco de reservas. Chegara a hora de brilhar a estrela, o carisma e a competência do professor Oswaldo Brandão.

A GRANDE FINAL

Depois que você pára de jogar é que começa a observar certas coisas que antes você não percebia, não entendia ou não considerava importantes.

Desde a terceira fase, por decisão da comissão técnica, o Corinthians estava se concentrando no hotel Rancho Silvestre, no Embu, perto da cidade de São Paulo, mas de certa forma bastante isolado. Na época, eu não achava isso tão importante. Depois percebi quais eram as verdadeiras intenções de Oswaldo Brandão.

Ao levar o time para fora da cidade, o treinador tirava os atletas daquele oba-oba. A gente ficava lá, sem imprensa, sem torcida, muito mais à vontade. Ao mesmo tempo em que evitava expor muito a equipe a comentários, também impedia que a tensão pela disputa do título, que tomava conta das ruas, chegasse ao grupo de jogadores.

Brandão acabou com aquela coisa de um repórter entrevistar o adversário e vir atrás da gente em busca de uma resposta. Era um procedimento comum, em que os jornalistas iam alimentando o noticiário esportivo — principalmente no rádio — com declarações vazias, provocações, insinuações e mal-entendidos. Nós estávamos isolados e alheios a tudo isso. Num clima que não podia ser melhor.

— Daqui ninguém sai — dizia o professor.

O que havia muito na concentração era disputa pelo telefone. Os mais novos nem imaginam que naquele tempo a comunicação não era lá essas coisas no Brasil — e ainda não haviam inventado o telefone celular.

Ficava aquela fila, todo mundo querendo usar as poucas linhas disponíveis para falar com a mãe, com a namorada, com qualquer pessoa amiga que ajudasse a quebrar um pouco aquele isolamento.

Quando não estávamos treinando ou ao telefone — ou nas filas para telefonar —, brincávamos e nos divertíamos muito, longe da pressão das ruas. Qualquer coisa era motivo para gozação, brincadeira, palhaçada entre o elenco.

Seu Brandão não queria que os atletas jogassem bilhar depois do almoço. A ordem era caminhar. Havia um horário certo para jogar sinuca, cartas ou o que fosse, mas ninguém estava nem aí com o horário. E justamente o bilhar era a atividade preferida para espantar o tédio da concentração.

Ele mandava recolher as bolas do salão de jogos, mas o Rancho Silvestre era um lugar em que havia muitas convenções. Então, o pessoal da convenção jogava um pouquinho e, quando ia parar, o Moisés, esperto, chegava junto e pedia:

— Deixa aí! Deixa aí! Depois a gente devolve as bolas.

Mal acabava o almoço, lá estavam Moisés, Ruço, Tobias, Zé Maria... Todo mundo jogando bilhar. A gente ria muito e, de vez em quando, sacaneava.

— Vamos acabar com o jogo?

— Vamos.

E íamos contar para Oswaldo Brandão.

— Seu Brandão, os caras tão lá jogando — a gente falava, quase sem conter o riso. — Ninguém quer caminhar.

Ele vinha quietinho, pegava um pedaço de pau ou até um taco da sala de jogos e botava todo mundo pra correr.

— Seus filhos-da-p...! Eu falei pra caminhar!

Era uma correria. Tinha gente que pulava pela janela. Mas ele fazia um pouco na gozação. Era uma forma de descontrair o ambiente. Brandão era um homem muito sereno. Kardecista, gostava de ler e meditar, mas não tratava o time com apatia. Sabia impor respeito, trabalho e disciplina nas doses certas.

Também sabia "ligar" o grupo. Ele e o João Avelino inventaram uma brincadeira. De vez em quando, gritavam o nome de algum jogador da Ponte que a gente tinha que marcar.

— Olha o Dicá!

Eu já ficava ligado, procurando, como se estivesse dentro de campo. Se passasse o Wladimir, eles gritavam:

— Olha o Lúcio!

A risada era geral, mas o negócio funcionava. Cada nome que eles diziam embutia na cabeça de todo mundo, até dos reservas, a necessidade que teríamos de marcar forte o time da Ponte o tempo todo. O jogador começava a ficar aceso, ligado no jogo, já na concentração.

Na minha opinião, uma das coisas que fizeram a diferença naquelas finais foi esse jeito do treinador: sereno, compenetrado, mas com a dose certa de energia. Havia muita superstição envolvida na final. Era uma disputa entre dois tabus. Um iria cair. O outro, duraria sabe-se lá quantos anos.

O Corinthians vinha de praticamente 23 anos sem conquistas. A Ponte, um dos clubes mais antigos do Brasil, amargava uma verdadeira maldição — que, aliás, persiste. Em 77 anos de história, a Macaca jamais havia vencido uma final importante.

Muita gente acha que, diante desse clima e do fato de ter sido a Ponte Preta a adversária da final, em vez de um rival mais tradicional, como um dos chamados grandes clubes, as coisas tornaram-se mais fáceis para o Corinthians. Engano. Foi justamente o contrário.

Quando nós chegamos à final, a Ponte Preta já havia se classificado fazia tempo. Estava só nos esperando. E tinha um timaço. Não havia equipe melhor que a Ponte naquele campeonato. Nem São Paulo, nem Palmeiras, nem Santos, nem Corinthians. A Ponte era soberana.

Um supertime. Carlos no gol, Jair Picerni e Odirlei, laterais que eram dois aviões, velozes e precisos. Polozzi e Oscar na zaga. Vandelei, Marco Aurélio e Dicá no meio. O Dicá jogava solto, punha a bola onde queria. Era o maestro do time.

Na frente, tinha Lúcio, ponta direita, jogador veloz, que costumava dar uma canseira danada no Wladimir; Rui Rei, goleador e que em todos os jogos contra nós metia pelo menos um gol, e Tuta, um falso ponta esquerda que armava todas as jogadas e deixava que o Odirlei, um lateral que já atuava como ala naquela época, chegasse à linha de fundo como se fosse um ponteiro.

Se a vitória no futebol dependesse apenas de técnica, não precisaríamos nem disputar as partidas decisivas. A federação podia entregar o troféu diretamente para o time de Campinas. Felizmente, a raça, a sorte e o imprevisto também entram em campo. E muitas vezes decidem uma partida. Todos esses fatores estiveram presentes naquelas finais. Todos a nosso favor.

Acredito que aquele Campeonato foi ganho a partir da junção de três ingredientes principais. Primeiro, aquela experiência do grupo, da qual já falei. Todo mundo ali era tranqüilo, já havia sido campeão e, portanto, não havia nenhuma ansiedade maior que a normal.

Segundo, pelo emprego da raça por todos os jogadores do Timão, sem exceção. Uma raça que só jogadores do Timão são capazes de exibir.

Terceiro, pela inteligência tática de Oswaldo Brandão, que armou um esquema para surpreender a Ponte e que, graças à autoridade moral do treinador sobre o grupo, foi obedecido à risca por cada um dos jogadores. Nosso treinador apanhou o time adversário em uma bela armadilha, o chamado nó tático. A Ponte foi surpreendida com uma forte marcação que a impedia de jogar, e isso sem que tivéssemos de apelar para o antijogo. Posso dizer com certeza que aquele Campeonato foi conquistado, principalmente, na disciplina tática.

Brandão achou por bem matar a principal jogada do adversário: os dois laterais subindo para apoiar o ataque, ao mesmo tempo que os dois pontas saíam para armar as jogadas. A Ponte estava acostumada a jogar pelas laterais. Ou saía o Jair ou saía o Odirlei. Cada hora um, mas o tempo todo. Pelo menos um dos dois descia, aparecia no ataque quando a Ponte estava com a bola.

Faziam isso porque tinham a cobertura de Marco Aurélio e Wanderlei, pelo meio. Era um esquema perfeito, que funcionava redondinho. Com ele, a Ponte já havia deixado todos os rivais do Paulistão para trás. Inclusive o Corinthians.

A jogada de mestre de Brandão foi mudar a forma de jogar do time. Ou de não jogar. Ele determinou que nós exercêssemos uma forte marcação sobre a Ponte, quando não estivéssemos com a posse de bola. O novo esquema implicava a mudança de posicionamento de vários jogadores. A começar por mim.

Ficou determinado que eu iria jogar na ponta direita,

mas na verdade era uma espécie de segundo lateral direito. Minha função era marcar, marcar, marcar. Não deixar o adversário ter espaço para realizar nenhum tipo de jogada. E meu alvo era o Odirlei. O primeiro a me dar a notícia foi o João Avelino.

Eu já havia feito praticamente todas as funções em campo. No Corinthians, mesmo, cheguei a jogar de zagueiro, uma vez, contra o Flamengo. Joguei de ponta falso, de atacante, de volante. Na Portuguesa, até para o gol eu fui. O Zecão foi expulso num jogo em Recife, contra o Santa Cruz, se não me engano, e nós já havíamos feito todas as substituições. Acabei assumindo a responsabilidade de ir para debaixo da trave. Não foi uma boa experiência. Tomei um gol no finzinho e perdemos o jogo.

Então, mudar de posição não chegava a ser uma novidade para mim. Mas era a primeira vez que eu via um time jogar com dois atletas ocupando a ala direita do campo, como laterais. O verdadeiro lateral direito do Corinthians era o Zé Maria, o Super-Zé. Sua função naqueles jogos era marcar Tuta, um falso ponta esquerda, que puxava o jogo da Ponte do meio de campo para frente. A missão do Zé era duplamente ingrata: além de muito habilidoso, Tuta era irmão mais novo do nosso lateral.

O Vaguinho, que era o ponta direita, não conseguia acompanhar o lateral como o professor Brandão queria. Sobrou para mim seguir os passos do lateral esquerdo da Ponte para evitar que o Zé tivesse que dar conta da marcação de dois homens ao mesmo tempo.

Do outro lado, Romeu ou Adãozinho marcavam a saída do Jair Picerni, um lateral enjoado, que chegava ao fundo e cruzava muito bem. O Wladi ficava com o Lúcio, o ponta direita. Os dois zagueiros se revezavam para cercar o Rui Rei.

Havia sempre um na sobra. O Ruço, o Luciano e, em um dos jogos, o Adãozinho, marcavam o meio: Dicá, Marco Aurélio e Wanderlei. Cada um pegava um. O Geraldão segurava os dois zagueiros na área da Ponte.

Logo no primeiro jogo, o clima ficou tenso entre os boleiros. Incomodado com a minha marcação insistente, Odirlei ficou nervoso.

— Pô, troca aí — disse para mim, durante a partida. — Fica você com o Tuta e deixa o Zé Maria comigo.

— Você não vai jogar. Eu também não jogo, mas não tem problema — foi a minha resposta.

Sabia que a nossa única chance era anular o adversário. Havia sido escolhido para fazer uma função que não era minha, para me sacrificar pelo time, e era exatamente o que eu pretendia fazer. Então, me entreguei de corpo e alma à tarefa.

O esquema de Brandão deu certo logo na primeira partida. A invencibilidade da Ponte sobre o Corinthians naquele ano caiu no primeiro jogo das finais, no dia 5 de outubro. Vencemos por 1 a 0, com um gol de raça, bem ao estilo do Timão, marcado por Palhinha.

O Palha não marcava um gol havia vários jogos — quize partidas, segundo os jornais da época — e, como era a contratação mais cara do time, já vinha sendo contestado pela imprensa. Até uma pequena parcela da torcida já andava pegando no pé dele. Uma injustiça, porque Palhinha era muito importante para a equipe e foi essencial em nossa campanha de recuperação, na terceira fase do Paulistão, quando começou nossa arrancada rumo ao título.

Na jogada do gol, ele entrou tabelando na área e, diante do goleiro, disparou um chute forte, rasteiro. A bola chegou para o Carlos quicando. Ele rebateu com o corpo, ela pegou efeito e subiu, bateu no rosto do próprio

Palhinha e entrou. Aquele ficou conhecido como o "gol de cara".

No dia seguinte, os jornais de São Paulo elogiavam o time e a marcação que eu havia exercido sobre o Odirlei. Mas os maiores elogios estavam reservados para Oswaldo Brandão. O Timão havia sido "taticamente perfeito", dizia a imprensa.

No segundo jogo, as coisas não foram tão bem, e muita gente ficou frustrada. Era domingo, o Morumbi estava lotado, com mais de 138 mil pessoas. Até hoje, o recorde de público do estádio pertence àquele jogo. Provavelmente, nunca mais será quebrado. Desde que os estádios foram obrigados a rever as instalações para o público, torná-las um pouco mais confortáveis, a capacidade diminuiu muito. Tudo bem, porque, além de conforto, um estádio menos cheio também oferece mais segurança — e é isso que importa para o público.

O técnico da Ponte Preta era o experiente e competente Zé Duarte. Ele sabia que, com a vantagem de levar um título com um simples empate naquela partida, nós iríamos repetir a estratégia bem-sucedida de marcação intensa do primeiro jogo. Então, mandou a Ponte jogar mais pelo meio, para fugir da marcação que fazíamos pelas beiradas do gramado.

Mesmo assim, agüentamos a pressão e até saímos na frente. Palhinha se machucou. Em seu lugar, entrou Vaguinho. Entrou e fez 1 a 0. Mas a Ponte estava inspirada e, com jogadas pelo miolo, virou para 2 a 1. Num dos gols, Dicá cobrou uma falta com tanta perfeição que foi como se tivesse colocado a bola com a mão no gol defendido por Jairo, que, naquela partida, substituía Tobias. O outro gol foi do Rui Rei, sempre implacável contra o Timão. Era a quarta vitória da Ponte em cinco jogos contra o Corinthians naquele Paulistão. A decisão ficaria para outro dia.

O problema daquele jogo foi que a Ponte Preta pressionou

a arbitragem o tempo todo. O juiz, Romualdo Arpi Filho, cansou de levar peitada de jogador da Macaca. O máximo que fez foi distribuir alguns cartões amarelos. A gente xingava o tempo todo:

— Você não vai pôr ninguém pra fora, seu banana?

Mesmo perdendo, mantivemos a pegada da primeira partida. Se mudássemos a marcação, os laterais da Ponte iriam deitar e rolar. Grudei no Odirlei sem dó. Não deixei espaço nem para ele respirar. E ele novamente ficou nervoso. Fez uma falta dura em mim e levou o terceiro cartão amarelo, ficando suspenso para a partida decisiva.

No final do jogo, ele ainda comentou, chateado:

— Você tanto fez que me tirou da decisão.

Eu despistei, sugerindo que a Ponte entrasse no tribunal com um pedido de efeito suspensivo.

— Que nada! Vocês podem recorrer que você vai jogar.

Claro que não era verdade.

A derrota nos frustrou, mas quem estava realmente decepcionada era a torcida. Não era para menos. Ela havia lotado até não poder mais o Morumbi para o jogo que poria fim a 23 anos de sofrimento, o time começou vencendo, bastava o empate para levantar o caneco, mas saiu derrotado.

O estádio parecia um barril de pólvora. Dos mais de 138 mil presentes, pelo menos 120 mil deviam ser corintianos. E a torcida ficou com a sensação de que aquele velho filme de morrer na praia ia se repetir.

Para deixar o Morumbi, nós saímos de perua, em vez de ir de ônibus. Mesmo sem saber quem estava dentro, porque não era possível ver no escuro, um grupo de pessoas sacudiu o carro. Por pouco a perua não virou. O torcedor corintiano estava desconfiado e com medo.

Depois que nós perdemos aquele jogo, Brandão chamou todo mundo no vestiário e disse uma coisa muito importante. Primeiro, tranqüilizou o grupo. Disse que levantaríamos o título no meio da semana. Segundo, falou que acreditava que Deus agira certo ao não permitir que fôssemos campeões no segundo jogo.

O Morumbi estava lotado demais, em um clima de tensão irrespirável, e poderia ter se tornado palco de uma tragédia. Naquele domingo, ocorreram vários problemas. Teve gente que passou mal e desmaiou nas arquibancadas. O cilindro de gás que enchia alguns balões junto ao campo explodiu. Muita gente ficou queimada. E não faltaram ocorrências policiais por todo o estádio. Ficamos meio assustados com aqueles acontecimentos.

Mas a derrota não abalou nem um pouco a nossa confiança.

A terceira e decisiva partida foi marcada para a quinta-feira da mesma semana, no inesquecível 13 de outubro de 1977. Se houvesse empate, o título seria decidido na prorrogação sem pênaltis. A Ponte sentiu-se prejudicada pelo regulamento e passou a semana ameaçando não jogar a prorrogação. Queria ser campeã com o empate. Não me lembro bem por que, ficara definido que, se houvesse igualdade no jogo e durante todo o tempo extra, o Corinthians seria declarado campeão. O clima entre as duas equipes foi ficando cada vez mais tenso.

Só que tudo estava, novamente, a nosso favor.

Com a suspensão do Odirlei, eu já podia voltar para a minha posição normal. O Vaguinho, que estava cobrindo a minha ausência no meio, voltou a ser ponta direita autêntico. Não tínhamos mais aquela necessidade de marcar de forma especial. A marcação continuaria forte, mas dentro de um esquema de jogo mais normal. A Ponte havia perdido a sua grande arma. Brandão anunciou logo no começo na segunda-feira:

— Todos vão voltar para as suas posições. Vamos voltar ao normal.

A reapresentação foi no Parque São Jorge na segunda-feira à tarde. Só iríamos para o Rancho Silvestre no dia seguinte. Dois jogadores apareceram lesionados. Zé Maria e eu.

Eu estava sentindo uma fisgada na coxa esquerda. Era um problema antigo, provavelmente agravado por algum esforço extra que havia feito no jogo de domingo. Entrei em tratamento intensivo: gelo, toalha quente. Tudo que podia ser feito eu fiz. O Zé e eu ficamos muito aborrecidos. Estávamos praticamente fora da partida decisiva.

Ficamos com a impressão de que estávamos realmente fora quando resolveram trocar nossos parceiros de quarto, na concentração. Eu costumava ficar com o Wladimir, mas me puseram para dormir com o Zé. Os dois bichados no mesmo quarto.

Minha grande preocupação era ficar de fora no melhor momento. Eu desejava tanto ser campeão pelo Corinthians, havia jogado fora das minhas características só para alcançar esse objetivo e, quando se aproximava a oportunidade de realizar o sonho, não tinha condições de entrar em campo. A gente dizia um para o outro, o tempo todo:

— Malandro, nós não vamos sair nem na foto.

Não imaginávamos que o gol do título ia começar com ele e terminar comigo.

Chegou a quinta-feira. Ainda estávamos dormindo quando Oswaldo Brandão entrou no quarto e nos acordou. Abriu as cortinas, arrancou os cobertores do Zé, me puxou pelas pernas, me colocando no chão, acendeu as luzes e disse:

— Olha aqui, ninguém vai fazer teste nenhum. Nem

teste de vestiário. Vocês vão entrar, vão jogar e nós vamos ser campeões.

Tudo bem que o homem era visionário, mas aquela era uma aposta de risco. Primeiro porque ele estava colocando em campo dois atletas sem o melhor da forma. Nessas situações, normalmente o jogador passa por um teste antes da partida para ver se tem condições de entrar. Nós iríamos ser titulares sem nenhuma garantia de que éramos capazes de agüentar o desenrolar do jogo, na partida mais importante do time em 23 anos. E isso numa época em que só era possível fazer duas substituições por jogo. Ou seja, Brandão poderia ser obrigado a queimar suas duas alterações conosco.

Minha surpresa ficou maior quando ele se virou para mim e disse:

— Eu recebi uma mensagem, depois da minha oração. Nós vamos ganhar, e você, neguinho, vai fazer um gol.

Não acreditei. Brandão era kardecista, acertava praticamente tudo que dizia, sempre falava das mensagens que recebia não sei de onde, mas aquilo já era demais. Eu jamais havia sonhado marcar um gol em uma decisão. Principalmente depois de ter deixado de ser atacante. Meu objetivo era um só: botar a faixa de campeão no peito.

— Seu Brandão — respondi —, o gol pode ser até de mão, feito pelo Tobias. O importante é ser campeão.

— Então você vai ver.

Achei que ele estava fazendo aquilo para me motivar. Cheguei a pensar que havia dito o mesmo para outros jogadores, mas depois soube que falara só pra mim, tendo o Super-Zé como testemunha. Tanto não acreditava, que logo me esqueci da profecia. Só fui lembrar dias depois do título, já mais relaxado, durante uma viagem do time ao Nordeste.

As horas passaram naquele clima de ansiedade, mas,

por incrível que pareça, minutos antes de entrarmos em campo, o time estava tranqüilo. Na saída do vestiário, alguém reuniu o grupo e falou:

— Nós estamos indo para uma guerra. É matar pra não morrer. Se alguém tem que morrer, que sejam eles.

Falávamos no sentido figurado, é claro. Os atletas da Ponte eram companheiros de profissão, gente finíssima e amigos de muitos de nós. Mas estávamos decididos a encarar aquele jogo como uma batalha, na qual cada soldado tem de ocupar uma posição e se manter nela a todo custo. Ninguém devia sair de suas funções. Se quiséssemos vencer a guerra. Foi o que tratamos de fazer.

Jogando de uniforme listrado, o time entrou completinho: Tobias, Zé Maria, Moisés, Ademir e Wladimir; Ruço, Basílio e Luciano; Vaguinho, Geraldão e Romeu.

Sem a mesma lotação do domingo, mas com quase 87 mil pessoas no estádio, a massa estava a nosso favor. Toda vez que a Ponte pegava a bola, aparecia um apitinho estridente na torcida que os deixava loucos. Um não. Deviam ser centenas de apitos iguais, com o mesmo timbrezinho chato. A gente tomava a bola, e os apitos paravam na hora.

O clima era de pura tensão, e alguns jogadores da Ponte tentaram repetir o que haviam feito no segundo jogo: comandar a arbitragem. Só que o juiz, naquela oportunidade, era Dulcídio Wandeley Boschillia, que não dava moleza para ninguém. Rui Rei começou o jogo reclamando acintosamente e logo tomou uma dura do árbitro.

— Não tumultua o jogo, senão eu acabo com você.

O artilheiro não se intimidou. Rui Rei brigou, esperneou, xingou. Tanto fez que acabou expulso ainda no primeiro tempo, diminuindo ainda mais o poder de fogo da Ponte. Os jogadores do time de Campinas reclamaram muito, fizeram pressão, mas não adiantou, claro. Depois que o cartão vermelho saiu do bolso do árbitro, o negócio é descer as escadas e tomar um banho para esfriar a cabeça. Nunca vi um juiz "desexpulsar" alguém.

O jogo ficou ainda mais tenso, ríspido, com uma porção de cartões amarelos para os dois lados.

A nós não interessava aquele clima. Embora o empate em 120 minutos desse o título ao Timão, a ameaça da Ponte em não jogar a prorrogação podia melar a final. Nossa intenção era acabar com a possibilidade de tempo extra vencendo a partida nos noventa minutos regulamentares.

Com cada um em suas posições, o Corinthians jogou melhor e pressionou o tempo todo. Quem se der o trabalho de ver os melhores momentos, vai perceber que a Ponte não conseguiu dar um chute ao gol do Tobias. Nós, ao contrário, ficamos o tempo todo em cima do adversário. Eu mesmo chutei uma bola que passou rente. O Geraldão acertou uma na trave. O Luciano bateu e o Carlos fez duas defesas sensacionais. Só dava Corinthians. Não deixávamos o time da Ponte pensar.

Estávamos dando uma demonstração de muita disciplina tática, mas com personalidade. Mais uma vez, ganhamos pelo esquema tático.

O segundo tempo já caminhava para o fim sem que nossa pressão surtisse nenhum efeito. A bola insistia em não entrar. Até que Ângelo deu um toque de mão junto à lateral da área, pelo lado direito, no gol do portão principal do Morumbi.

Tentamos uma jogada que a gente tinha ensaiado. Zé Maria cruzou, eu resvalei de cabeça. A bola desviou e tirou o zagueiro da jogada, sobrou para o Vaguinho, que, no segundo pau, deu uma pancada. Ela explodiu no travessão. Quase gritei gol. Do ângulo em que eu estava, tive a impressão de que a bola havia entrado e batido no ferro que sustenta a rede, por dentro da trave.

De repente, vi a pelota sobrando para o Wladimir. Logo me toquei que não tinha entrado coisa nenhuma. Vi gente caída na frente do gol. Wladi subiu, deu uma testada forte na bola, mas o Oscar, que vinha voltando para o meio da meta, tirou, também de cabeça, no reflexo... A bola sobrou na minha direção. Veio caindo. Em fração de segundo, pensei no que ia fazer. Ainda torci para ela cair mais depressa. Meu medo era que a defesa da Ponte, com muitos jogadores congestionando a boca do gol, conseguisse desviar a trajetória. O mesmo pensamento já havia ocorrido para o Wladi. Ele contou, depois, que não tentou desviar a bola, na cabeçada, com medo de errar o gol. Peguei de bate-pronto... Três dedos. Pé direito. E torci para que ninguém chegasse a tempo de fazer o corte.

Aos 36 minutos do segundo tempo, com lágrimas nos olhos, corri para a bandeirinha de escanteio, agradecendo a Nossa Senhora Aparecida — minha santa de devoção — pelo gol que me colocou na história. Sabia que minha vida mudaria para sempre.

Lembrei de Ipojucan, que havia me ensinado a chutar daquela maneira. Mas, na hora, não me lembrei da previsão feita por Oswaldo Brandão naquela mesma manhã. Ainda bem. Eu teria chorado demais.

Naquele momento, quem também chorava descontroladamente era dona Nair. Do outro lado da cidade, na Casa Verde, assistindo à partida pela televisão, minha mãe teve uma crise nervosa e precisou ser socorrida. Felizmente, foi só um susto.

Até hoje me perguntam o que eu senti na hora do gol. Esse gol me emociona até hoje, mas na hora eu senti a emoção de ter marcado um gol, e só. Só isso. Nós só tínhamos a vantagem, nada mais. Difícil foi segurar a ansiedade no tempo que faltava para acabar o jogo. Logo depois de abrir o placar, relaxamos um pouquinho e, no vacilo, quase a Ponte empata, em uma bola cruzada.

Na mesma hora, começamos a nos cobrar. Tomamos uma dura do pessoal do banco.

— Ninguém sai da sua função. Vamos continuar marcando.

A Ponte era um time muito técnico. Não podíamos nem pensar em dar espaço. Tão técnico, que não se atirou desesperadamente em busca do gol. Faltavam apenas nove ou dez minutos, e eles continuaram jogando com tranqüilidade.

Mais para o fim da partida, o pau comeu. Dei um tapa no rosto do Oscar, mas o juiz não viu. O mesmo Oscar se estranhou com o Geraldão. Os dois foram expulsos. Felizmente, acabou tudo bem, e aí foi só esperar o apito final e o momento mais aguardado, o da volta olímpica. O instante de celebrar com a massa em delírio.

A torcida invadiu o campo. Arrancou as redes e pedaços da grama do estádio. Foi a primeira das muitas festas que o Corinthians daria no Morumbi. Havia chegado ao fim um tabu de 22 anos, oito meses e sete dias.

O DIA SEGUINTE

Gosto de dizer que Deus sabe o que faz. Se você observa todo o lance do gol do título, percebe como essas coisas são. Quando revi a cena, no dia seguinte, notei o quanto ela tinha de representativa. Aquele gol reúne técnica, garra, perseverança, sofrimento, sorte e emoção. Nada poderia ser mais corintiano.

Ao rever o lance de fora, senti uma emoção muito grande. A emoção que não consegui sentir dentro de campo, porque estava concentrado demais na partida. Veio-me à mente a idéia de que muitos são chamados e poucos os escolhidos. Eu me vi como um escolhido.

Fui escolhido para jogar como lateral nos dois primeiros jogos, me sacrificando em uma função que não era a minha, pelo bem da equipe. Na última partida, voltei para minha posição normal e fui escolhido para decidir o jogo e o campeonato. O gol estava mais para o Vaguinho e para o Wladimir que para mim. O chute do Vaguinho bateu na trave, a cabeçada do Wladi encontrou a testa do zagueiro, e a bola veio cair bem diante do meu pé direito, exatamente como eu queria que ela viesse.

Vaguinho e Wladi são meus amigos e vão entender o que quero dizer. Eu não sou mais campeão do que ninguém. Apenas botei a bola para dentro. Tenho plena consciência de que, sem eles e sem os demais jogadores da equipe, a conquista não teria sido possível. Mas eu me sinto realmente privilegiado por ter sido o autor daquele gol histórico.

Depois daquele gol, ganhei um reconhecimento fantástico do público, nas ruas. Até de quem não é corintiano. Ainda hoje, muita gente me vê, me reconhece e diz, aonde quer que eu vá:

— Não sou corintiano, mas te admiro. Por mim, você nunca faria aquele gol, deixaria o time na fila por mais tempo... Mas parabéns.

Para a torcida do Corinthians, então, eu me tornei um herói. É engraçado ver pais me apontando para seus filhos e dizendo que sou "aquele cara do gol de 77". Diferentes gerações de corintianos me reverenciam por esse feito. Até ganhei um apelido, Pé de Anjo. Não lembro exatamente quem começou a me chamar assim. Desconfio que foi um radialista. Mas, como já ouvi vários deles me chamarem dessa maneira, não arrisco dizer quem foi o autor, para não cometer uma injustiça. O importante é que os torcedores logo adotaram o apelido carinhoso.

Ninguém pode imaginar a felicidade que tamanho carinho representa dentro de um coração corintiano como o meu. Aquele lance me deu uma riqueza que nenhum dinheiro do mundo pode comprar: o respeito e o reconhecimento do público.

Isso é gostoso. Prova que você, como jogador, conseguiu cativar até alguns adversários, por sua conduta, por sua postura. Acho que esse é o maior troféu que um atleta pode ter. Ser respeitado em qualquer lugar, por qualquer pessoa.

Hoje eu sou mais conhecido do que na época em que jogava.

Assim que marquei o gol, percebi que minha vida iria mudar. Sabia que receberia um tratamento especial por parte dos torcedores, dos colegas de profissão, da imprensa e do clube. Naquela noite, nem dormi. Fiquei como um zumbi, ainda sob o efeito da emoção. Não sabia se sorria, se chorava. Nem me lembro quantas vezes beijei a imagem de Nossa Senhora Aparecida que ganhara muito tempo antes de minha mãe e que eu carregava sempre comigo. A santa cujo dia se comemora em 12 de outubro, um dia antes da decisão. Só que, em 1977, o aniversário da Padroeira ainda não era feriado.

Normalmente eu só beijava a santa nos momentos de medo, nas inúmeras viagens de avião que fiz durante a carreira. A ponto de meu irmão Ronaldo sempre brincar, dizendo que a cabeça da santa já havia ficado branca, descolorida por tantos beijos.

No dia seguinte, fui alvo de um assédio que nunca havia visto. Começou cedinho e foi até o fim do dia. Fiquei mais cansado de atender às pessoas do que de jogar as finais. Mas valeu a pena. Foi uma alegria muito grande. Jornalistas, torcedores, amigos, parentes, desconhecidos. Todos queriam falar comigo. Todos queriam me abraçar, trocar duas ou três palavras.

Minha casa não tinha telefone. Quem passou o dia transmitindo centenas de recados foi dona Rute, a vizinha da frente. Impressionante o carinho da torcida.

A cidade estava em festa. A comemoração começou com o apito final de Dulcído e não parou mais. Demos a volta olímpica, comemoramos no estádio, corremos com a torcida pelo gramado, quando a Fiel invadiu o campo.

Só que a celebração, para nós jogadores, acabou ali, no vestiário do Morumbi. Por mais incrível que pareça, depois de tanto tempo em jejum, o Corinthians não realizou nenhuma festa, nenhuma comemoração pela conquista do campeonato. Nem um jantarzinho para os atletas. Nada.

Nem houve tempo. No sábado daquela mesma semana, viajamos para o Nordeste, para estrear no Campeonato Brasileiro. Dois dias depois da grande conquista, já tínhamos de nos concentrar em outra competição. Para nós jogadores, o Campeonato ganho já fazia parte do passado. Essa é uma das coisas mais duras do esporte. Muitas vezes, o atleta não tem tempo para curtir suas conquistas. Terminada uma competição, vem outra em seguida, e, se você ficar pensando nos louros da vitória anterior, as chances de naufragar na nova disputa são imensas.

No sábado, quando deixávamos São Paulo a caminho do aeroporto, as ruas continuavam enfeitadas com bandeiras do time. Os corintianos eram só felicidade. Voltamos uma semana depois, e o clima continuava festivo. O torcedor ainda mantinha acesa a chama das comemorações. Só então tivemos a noção exata do que realizáramos. Havíamos tirado o peso de um estádio das costas da Fiel torcida.

Prova disso foi a queda do público médio nos jogos do Corinthians, durante um tempo, logo depois da conquista. Sempre reuníamos pelo menos 30 mil torcedores em qualquer estádio. Começamos a jogar para 8 mil, 10 mil. E ninguém cobrava mais nada. Estavam todos de alma lavada.

Como de alma lavada estava dona Nair, minha mãe. Já recuperada da crise que teve no momento do gol, durante aquela semana ela comprou todos os jornais e revistas que encontrou. Recortou tudo que falava sobre a conquista e sobre mim e guardou em pastas com todo o cuidado e carinho. Mantenho esse material comigo até hoje, pelo valor sentimental que ele tem e, também, em respeito à memória de minha mãe.

É preciso dizer que os jogadores da Ponte tiveram um comportamento muito digno e desportivo. Souberam perder, nos cumprimentaram pela conquista e saíram de campo de cabeça erguida, cientes de que haviam feito um belíssimo papel.

Como bons esportistas, apesar de entristecidos pela derrota, deixaram de lado as rusgas da partida assim que o juiz apitou o fim do jogo. Eu mesmo tive aquele atrito em campo com o Oscar. Pouco tempo depois, o zagueiro foi contratado pelo São Paulo. Ele se hospedou no hotel em que o Corinthians estava concentrado. Encontrei-o no saguão e ele, de forma elegante, como sempre, me cumprimentou normalmente:

— E aí? Tudo bem?

— Comigo tudo. E com você? — perguntei, ainda ressabiado, achando que ele ainda podia estar ressentido.

— Tudo jóia — respondeu, sorrindo.

Trocamos um abraço sincero. O que tinha acontecido dentro do campo era passado.

Havia muito respeito entre os boleiros. Por isso, nenhum atleta deu trela para uma maldade que circulou sobre o Rui Rei, depois da terceira partida decisiva.

O Corinthians, que já havia demonstrado interesse no passe do Rui, o contratou logo depois de encerrado o campeonato de 1977. Como ele havia se envolvido naquela confusão com o Dulcídio e foi expulso no terceiro jogo, prejudicando a Ponte, começaram a circular boatos de que o comportamento dele havia sido "comprado" pelo Timão. Insinuavam que o Rui havia cavado a própria expulsão e aberto mão de conquistar um Campeonato por dinheiro. Uma bobagem que acabou ganhando força quando ele assinou contrato e se transferiu para o Parque São Jorge.

A verdade é que o Rui queria ser campeão tanto quanto qualquer outro jogador naquela partida. Tanto queria, que tentou ganhar no grito, na malandragem, "apitando" junto com o juiz. Não funcionou, o árbitro foi duro com ele, e o final da história todos já sabem.

Passada a euforia da conquista, perguntei ao professor Brandão o que, para ele, havia nos levado ao título. Com a lucidez e a humildade de sempre, respondeu:

— Esse grupo de jogadores experientes.

De certo modo, ele tinha razão. Todos os jogadores já haviam conquistado títulos. Tobias e Jairo já tinham sido campeões, um no Sport e outro no Coritiba. O Zé Maria era tricampeão do mundo como reserva do capitão Carlos Alberto. Já tinha, inclusive, disputado a Copa de 1974. Também vinha de um susto, tanto ele quanto o Wladimir, de perder o campeonato de 1974 para o Palmeiras.

E se é verdade que as derrotas ensinam a vencer, a maioria estava escaldada pela experiência do vice-Campeonato brasileiro um ano antes. Moisés fora campeão no Vasco. O Zé Eduardo, que era o mais nervoso, estava machucado e não entrou em campo. O Ademir não estava nem aí. Jogava sempre uma bola redondinha, em qualquer jogo, fosse clássico ou em um campo esburacado do interior. O Ruço era um porra-louca. Não ligava pra nada. Queria jogar bilhar, pingue-pongue. Ficava o tempo todo brincando. Luciano cansou de ser campeão em Recife. Eu já tinha sido campeão na Portuguesa. Geraldão vinha numa fase excepcional, cara sossegado, tranqüilo. Vaguinho já tinha sido campeão no Atlético. Romeu também conquistara seus títulos. Palhinha recentemente fora campeão e artilheiro da Libertadores pelo Cruzeiro. Era um time para lá de experiente.

O que a modéstia e a humildade de Oswaldo Brandão o

impediram de dizer foi que o trabalho da comissão técnica, e o dele com o João Avelino em especial, também havia sido decisivo. Além de preparar muito bem a equipe dentro de campo, Brandão teve o grande mérito de unir o grupo, de motivar a todos e de nos assegurar muito equilíbrio psicológico.

Nosso time não tinha mais qualidade que o da Ponte. Só que, naquela decisão, nós incorporamos aquilo que o adversário jamais imaginou que pudéssemos ter. Era o espírito corintiano. Cada um virou três, quatro, cinco. O adversário pegava a bola, a gente marcava, ficava em cima, fazia falta... Não deixava jogar. Sem violência nem deslealdade. Respeitando a superioridade técnica do adversário.

Quando tínhamos a posse de bola, todo mundo saía pro jogo. Com personalidade, tocando a bola, passando, chutando, com vontade de decidir. Mantendo o nosso padrão de jogo. E esse espírito quem nos deu foi o treinador. Porque ele acreditava no grupo, conhecia o potencial de cada jogador e era um visionário.

Nunca poderei esquecer a maneira como apostou e depositou confiança em mim por entender que, mesmo contundido, eu era uma peça que encaixava bem no esquema. Durante a viagem ao Nordeste, logo depois do título, voltei a sentir a contusão que poderia ter me tirado da grande final. Foi só então que lembrei, emocionado, do que o treinador previra no meu quarto da concentração no dia da partida decisiva.

Com o passar dos dias, as coisas se acalmaram, e chegara a hora de cuidar da vida. Recebi propostas de outros clubes. Novamente Santos e Fluminense se interessaram pelo meu passe. Preferi continuar no Timão. Primeiro, porque eu amava o clube e estava muito feliz. Mais feliz do que esperava estar. Depois, porque só tinha dois anos no Alvinegro.

Pelas regras daquela época, o jogador só passava a ter

direito aos 15% da transferência após cumprir três anos de contrato com um clube. Os 15% eram muito importantes para o jogador formar seu pé-de-meia. Mesmo que meu salário melhorasse em um novo clube, não cobriria a diferença do que eu deixaria de ganhar, que era muito grande.

No ano seguinte, quando venceu meu contrato, a renovação foi menos fácil do que eu esperava. Íamos sempre meu pai e eu para a negociação, mas Vicente Matheus era um negociador terrível, osso duro de roer. E ainda tinha uma boa saída para quando qualquer jogador pedia aumento:

— O dinheiro não é meu, é do Corinthians — dizia, com seu acentuado sotaque espanhol. — Se fosse meu, eu pagaria bem mais para você, porque você merece, mas não posso fazer isso com o dinheiro do clube.

— O senhor tem de aumentar um pouquinho.

— Mas o dinheiro não é meu.

— A diferença é muito grande, presidente.

Ele ficava olhando, gesticulando, esfregando os dedos, apontando para o contrato sobre a mesa, como quem diz "é pegar ou largar".

— E aí? Vamos acertar? Isso aqui está muito bom. Você já ganhou muito dinheiro...

— Mas eu preciso ganhar mais, para dar conforto para a minha família.

— Mas com o tempo você vai ganhando mais.

Era muito difícil convencê-lo. Quem saiu em meu socorro foi a mulher dele, dona Marlene, que mais tarde também presidiria o clube do Parque São Jorge.

— Abre essa mão, Vicente! O menino merece. Ajuda ele um pouquinho...

A dona Marlene foi sensacional. Foi ela que nos ensinou a negociar com ele. Não podíamos dar tempo para ele pensar. Quando íamos reivindicar algo para o time, não ia um só. Em geral iam três ou quatro. Para que, quando ele dissesse "não dá" para o primeiro, outro já começasse a argumentar, antes que ele tivesse tempo de raciocinar.

Mesmo com tudo isso e com a insistência de dona Marlene, Vicente Matheus raramente cedia. Acabei reformando meu contrato em bases melhores, mas bem aquém do que eu esperava.

Não tem importância. Nunca joguei futebol por dinheiro. Joguei por amor. Mesmo assim, só com o futebol, conquistei uma situação financeira estável e até confortável perto da maioria da população brasileira. Não tenho do que me queixar.

Balanço final

Depois de conquistar o Paulistão de 1977, o Corinthians virou uma máquina de levantar troféus. Ganhou pelo menos uma vez todos os torneios que disputou de lá para cá, com uma única exceção: a Copa Libertadores da América. Todo corintiano sonha com o dia em que esse grande troféu entrará para a galeria do Timão. Tenho certeza de que esse dia chegará.

A confirmação de que uma nova era começara no clube veio pouco mais de dois anos depois da grande conquista de 1977. Em 1979, voltamos a erguer a taça do Campeonato Paulista, novamente vencendo a Ponte Preta. Naquele campeonato, nosso grande adversário não era o time de Campinas, e sim o nosso maior rival, o Palmeiras.

O Verdão vinha embalado numa fase magistral. Arrasador. Uma verdadeira orquestra regida por ninguém menos que Telê Santana, talvez o melhor técnico da história do futebol brasileiro, mas que nunca foi muito bafejado pela sorte.

Se o Palmeiras apresentava um timaço e Telê no comando, o Corinthians não ficava atrás. Tínhamos também uma bela equipe, reforçada em relação a 1977 pelo doutor

Sócrates, o zagueiro Amaral e o volante Biro-Biro. Só que o grande craque do Alvinegro de Parque São Jorge, pelo menos daquela vez, atendia pelo nome de Vicente Matheus.

Na fase final, a Federação Paulista marcou uma rodada dupla para o Morumbi. O Corinthians tinha de enfrentar a Ponte Preta – sempre ela. O presidente do clube, alegando que a torcida do Timão era muito maior que as demais, recusou-se a pôr o time em campo. E conseguiu, no tapetão, adiar as finais para o começo do ano seguinte. Foi uma jogada de mestre.

Os clubes saíram de férias, mas, espertamente, nós começamos a preparação antes dos outros. Em melhores condições físicas, desbancamos o Verdão nas semifinais empatando em 1 a 1 o primeiro jogo e vencendo o segundo por 1 a 0, com um gol de canela do Biro-Biro. Dessa maneira, fomos decidir novamente com a Ponte. Outra vez no Morumbi. Vencemos a primeira partida final por 1 a 0, gol de Palhinha, num jogo tranqüilo, apitado pelo mesmo juiz do polêmico segundo jogo de 1977: Romualdo Arpi Filho. Fomos campeões segurando um 0 a 0 no segundo jogo e vencendo por 2 a 0 (gols de Sócrates e Palinha) a terceira partida, quando nos bastava empatar.

O título de 1979 consolidou o Timão em um novo patamar. Mesmo sem o sabor de ineditismo que teve a conquista de 1977, foi muito importante para nós, porque mostrou que havia um novo Corinthians na praça. De lá para cá, o Alvinegro não parou mais de freqüentar decisões — e conquistar a maioria delas.

Só que, para mim, estava chegando o momento de partir. Em 1981, aos 32 anos, joguei minha última temporada pelo Timão. No ano seguinte, fui cedido por empréstimo ao Taubaté. No primeiro ano no Vale do Paraíba, tive uma lesão grave: rompi os ligamentos do joelho. Meu joelho já havia sofrido um baque em 1977, logo depois do título, quando sofri uma lesão no menisco, durante uma partida em Brasília, pelo Campeonato Brasileiro. Eu sabia que a recuperação, dessa vez, seria mais difícil, mas estava disposto a encarar. Enfrentei o longo e doloroso processo e me recuperei plenamente.

As coisas não saíram como o previsto, e o Burro da Central não pagou o que devia ao Corinthians, não sei bem por quê. Possivelmente por conta da minha contusão. Pedi para ser reintegrado ao elenco alvinegro. O Parque São Jorge estava vivendo uma novidade em 1983, o surgimento da Democracia Corintiana, comandada em campo por jogadores como Sócrates e Casagrande e apoiada pelo diretor de futebol, Adilson Monteiro Alves.

Foi o próprio Adilson que me comunicou que minha volta ao clube não seria possível. A equipe estava passando por uma renovação, e eu não estava nos planos.

— Estamos em reformulação. Agora é um grupo novo, um novo trabalho — ele me disse.

Nós, jogadores, pensávamos que, quando o Corinthians fosse campeão, seríamos imortalizados. Que nada. Alguns de nós chegamos a ser barrados no Parque São Jorge. Para mim, nas vezes em que isso aconteceu, alegaram que é porque eu era uma figura "ligada à turma do Vicente Matheus". Nunca fui de ter turma. Apenas fui contratado por Matheus. E, é bom que se diga, ele foi um grande presidente para o Timão.

Tudo bem. Não guardo mágoas. Fico chateado, mas até entendo que os tempos são outros.

Quando fui dispensado pelo Adilson, não me faltaram propostas. As duas melhores vinham do Recife. Náutico e Sport queriam contar comigo, mas eu acabara de saber da gravidade da doença de minha mãe. Tomei uma decisão que, em outra época, teria sido difícil, mas naquela ocasião me pareceu a melhor e mais sensata coisa a fazer: abandonei os gramados.

"Minha mãe precisa de mim aqui, e não que eu vá buscar dinheiro longe", eu pensava. Eu havia começado minha carreira com ela e ia terminar com ela. Ao seu lado.

Como já disse, minha mãe sempre foi o ponto de equilíbrio lá de casa. A família toda sempre se apoiou nela. Era nossa fortaleza. Passou oito anos com câncer de mama, e eu só fiquei sabendo quando a doença já estava em estágio bem avançado. E ela ainda procurava me tranqüilizar, dizendo estar bem, quando na verdade sofria muito.

Minha mãe nunca contava para nós os problemas que enfrentava. Para mim, principalmente. Tinha um pouco aquela coisa de ser o caçula, mas ela também não queria ocupar minha cabeça com problemas. Sua intenção era me manter o mais tranqüilo possível, para que eu pudesse render bem dentro de campo. A única que sabia um pouco mais do que se passava com ela era minha irmã, Neide, porque havia mais cumplicidade e muito mais intimidade entre as duas.

As pessoas sempre me perguntam como parei. Parei porque quis. Não foi preguiça. Ao contrário. O momento ainda era favorável: eu estava em boa forma, recuperado da contusão, prestigiado pelo gol do título de 1977 e com ótimas propostas, com as quais podia ganhar um bom dinheiro antes de encerrar minha carreira.

Rejeitei tudo isso por uma causa que considero nobre: acompanhar os últimos dias de minha mãe. E faria novamente, milhões de vezes, se pudesse tê-la comigo novamente. Foi uma das maiores perdas que tive na minha vida, que sinto e lamento até hoje, mais de vinte anos depois.

Se tivesse que nascer novamente, queria ter de novo meus pais, meus irmãos. Queria ter meus próprios sonhos. Passaria por tudo de novo. Quebraria a perna, teria minhas lesões, de operar menisco, ligamento. Enfrentaria tudo e muito mais, se fosse preciso. Porque tive tudo que pedi a Deus, e Ele me deu muito mais do que pedi. Considero tudo que passei como fases de um aprendizado. E só sofrendo esses percalços a gente sabe como é bom e importante ter por detrás uma família que vai ajudar e fazer você dar a volta por cima.

Por isso, não tive dúvidas quando a sucessão de eventos mostrou que eu deveria parar. Havia sido dispensado pelo clube que amava, onde conquistei as minhas maiores glórias e ajudei a fazer história. Tive uma lesão séria e, com a idade, ficava mais sujeito a outras. Estava perdendo uma das pessoas mais importantes da minha vida. Por mais alegrias que o futebol me desse — e ele me dava muitas —, elas jamais compensariam a serenidade que eu precisava ter naquele momento.

Continuo achando que tomei a decisão acertada. Percebo isso ao realizar um balanço da minha carreira.

Joguei durante dezoito anos, ganhei três vezes o Campeonato Paulista, fui campeão como amador, estive cogitado para defender a seleção brasileira no começo dos anos 1970 e marquei o gol mais lembrado pela nação corintiana. Não é pouca coisa.

Ainda não sei quantos gols fiz como profissional, mas foram muitos. O suficiente para me dar plena satisfação na carreira. Só pelo Timão foram 28. Já saiu publicado num livro com as estatísticas do Corinthians, mas eu mesmo desconheço o número exato. Ainda tenho intenção de fazer esse levantamento de todos os meus gols e guardar para a posteridade.

Pela posição em que eu jogava, desde que o Oto Glória me tirou do ataque para o meio-campo, não era para ser artilheiro. Eu era mais um carregador de piano. No Corinthians, tinha função mais de marcar e deixar a definição para os outros. Era para jogar para o time, e eu fazia isso com prazer. Havia esquecido aquela história de ser artilheiro. Estava feliz em colaborar da melhor forma possível e, no dia seguinte, passar no caixa e pegar meu bicho.

Mesmo assim fiz alguns gols muito bonitos, dos quais me lembro com satisfação. Tenho dois gols muito marcantes contra o São Paulo. Em um deles, o Vaguinho fez uma jogada de linha de fundo, no gol de trás do Morumbi. Ele levou o lateral e cruzou forte, rasteiro. Vim ao encontro da bola e meti um calcanhar. Acabei surpreendendo o Valdir Peres, porque ele tentou fechar no primeiro pau e eu toquei de calcanhar entre ele e a trave.

Um outro jogo contra o São Paulo, no gol de entrada do Morumbi, o Romeu bateu o escanteio do lado esquerdo e eu me antecipei. De calcanhar, toquei a bola. Ela encobriu a defesa e o goleiro e caiu no gol, junto ao segundo pau. Foi um lindo gol, meio querendo, meio sem querer. Joguei a pelota para cima para o que desse e viesse, na tentativa de fazer o gol e ao mesmo tempo, se ela não entrasse, de deixar para alguém que viesse entrando de trás.

Os zagueiros do São Paulo até ficaram bravos.

— Você só faz gol assim contra nós.

Também perdi gols feitos, como todo jogador, mas não lamento nem um pouco por isso. Acontece. É da vida. Perdi um contra a Ponte Preta no segundo jogo da decisão de 1979. O Piter fez a jogada de fundo. Saí para antecipar-me ao zagueiro e resvalei de cabeça. A bola passou perto, mas saiu junto ao segundo pau. Se eu faço, o Corinthians teria sido campeão de novo com um gol meu. Como não fiz, precisamos jogar a terceira partida, mas, felizmente, não precisamos daquele gol e conquistamos o título assim mesmo.

Por tudo que passei, me sentia realizado quando percebi que era hora de parar. Fui cuidar de quem sempre havia cuidado de mim.

Em 1984, já sem minha mãe, iniciei uma nova vida no futebol. Queria dar início à carreira de treinador. Comecei como auxiliar técnico, nas categorias de base do próprio Corinthians.

Nesse cargo, disputei a Taça São Paulo de Futebol Júnior. Fomos vice-campeões, perdendo a final para o Santos. O técnico era o Écio Pasca, um grande companheiro, que, em 1991, foi campeão do mesmo torneio com um dos melhores times da história da Portuguesa e ajudou a revelar jogadores como Tico, Sinval e Pereira, além do inesquecível craque Dener, cuja morte precoce comoveu a todos.

A história de Dener é o exemplo de como um jogador talentoso pode se perder por falta de orientação. Todo mundo sabe que ele morreu de uma maneira estúpida, porque, entre outras coisas, estava deslumbrado com o sucesso. Faltou quem o fizesse ficar com os pés no chão. Acabou morrendo jovem, desperdiçando um futuro que com certeza seria brilhante e, o que é pior, deixando mulher e filhos pequenos em situação financeira delicada.

Em relação ao que se faz hoje, vejo certa diferença com o que ocorria no meu tempo de iniciante. Os clubes não valorizam tanto a base, e o jogador não tem mais aquele amor pela camisa. É preciso que os dirigentes percebam a necessidade de realizar um trabalho para que o garoto tenha um pouco mais de consideração pela agremiação em que ele está começando. Se não é o clube lançá-lo, ele não é ninguém.

Só assim você vai ter o jogador respeitando o clube. Um jogador que fique mais tempo no time, que amadureça lá e que, quando sair para a Europa, se isso for inevitável, vá muito mais bem preparado, valorizando não só a si próprio como também o clube que o revelou e o grupo que trabalhou com ele. E o clube formador tem que receber alguma compensação por criar aquele atleta. Quem tem de ganhar é a agremiação, não cartolas e empresários que não visam ao bem do atleta, só o próprio bolso.

Na minha experiência como treinador, comecei justamente pelas categorias de base. Passei pela direção técnica do Corinthians em quatro oportunidades: 1987, 1989, 1990 e 1992.

Curti muito ser técnico. Comecei com o infantil e o juvenil do Timão, convidado pelo Leonel Marconi. Vários bons jogadores passaram pela minha mão. O Paulo Sérgio, que encerrou a carreira há pouco tempo e fez um baita sucesso na Alemanha, estava no infantil. No juvenil tinha o Marcos Roberto e o Zaguinho, que também já parou e vive no México. O goleiro do juvenil era o Ronaldo, até hoje amado pela torcida corintiana, pelo muito que fez pelo time de Parque São Jorge. Comecei a fazer um trabalho com eles, mas foi por pouco tempo.

Ainda fiz alguns jogos com o profissional, como interino. Cheguei a dizer para Vicente Matheus que eu precisava de um pouco mais de experiência para treinar um time como o Corinthians, mas mesmo assim recebi essa incumbência e a realizei com prazer, procurando fazer o melhor. O Alvinegro já tinha deixado para trás a fase do supertime do começo dos anos 1980, mas ainda havia jogadores muito bons, experientes.

Depois disso, corri por alguns times do interior e trabalhei como técnico em Joinville, mas nunca me sobressaí na função de treinador. Senti que me faltava um preparo mais adequado. Decidi parar, mas não sair do futebol. Ainda tenho projetos ligados à bola.

O futebol me deu tudo que tenho até hoje. Do ponto de vista material e também em termos de relacionamento. Conquistei grandes amizades por meio da bola.

Na parte material, sempre fui uma pessoa tranqüila, nunca fui de ficar na noite, gastando dinheiro com mulher ou em boate. E, além disso, fui muito bem orientado. O dinheiro que eu tinha, sempre foi para a comodidade da minha família. Eu juntava. Naquela época, você tinha de guardar para ter as coisas. Não se ganhava essa fortuna que a gente vê hoje.

No meu primeiro contrato, juntei um dinheiro e comprei um apartamento. Desse apartamento, comprei uma casa. Depois, mais uma. Comprei algumas ações, adquiri terrenos na região de Campinas e consolidei um patrimônio que hoje me permite viver com dignidade. Os jogadores da minha geração que não fizeram isso em geral quebraram a cara.

Continuo trabalhando. Sou diretor da Cooperativa que reúne vários ex-jogadores e presta serviços no programa Mais Esporte, da Prefeitura de São Paulo. Temos gente espalhada por toda a cidade, com o objetivo de oferecer alternativas de lazer às crianças da periferia. Enquanto o menor está jogando futebol, basquete, vôlei ou outra modalidade, ele está longe da criminalidade, das drogas e de outros tipos de encrenca.

Ainda penso em ser dirigente. Quero fazer cursos e trabalhar nas categorias de base, realizar a aproximação da família com o clube, algo que praticamente não existe hoje em dia. Minha idéia é procurar uma integração entre atleta e o time que ele defende. Não deixar o empresário pegar assinatura dos pais do garoto, iludir a família, deixá-la na mão enquanto faz sua própria fortuna.

No clube em que participo, o Cruz da Esperança, eu e o meu amigo Serginho Chulapa já cansamos de ouvir os garotos dizerem que foram treinar em clube e ninguém dá atenção. Quem deveria avaliar os garotos fica de costas para o campo, manda voltar depois e dispensa a maioria sem ver uma só jogada. Mas acolhem qualquer um que apareça com um empresário e um vídeo com meia dúzia de dribles e gols, sem saber como aqueles lances aconteceram, por talento ou sorte.

Tem muito garoto por aí decepcionado com isso. É preciso mudar essa mentalidade. Já que o amador está se tornando uma coisa cada vez mais profissional, então vamos profissionalizar tudo.

No Cruz da Esperança, sou presidente honorário, mas minha grande responsabilidade lá é o trabalho social. Cuido de eventos. No Natal, fazemos uma festa e recebemos entre oitocentas e mil crianças. Distribuímos brinquedos. Na Páscoa, realizamos um almoço. Sempre vou atrás de alguns empresários que colaboram. Logo depois do almoço, as crianças vão para o ônibus, que o transporte também é dado por nós, e cada um recebe um ovo de chocolate. Muitas crianças nunca viram presente no Natal e não sabem o que é um chocolate na Páscoa.

Tive minhas dificuldades também, então tenho ciência da minha obrigação de ajudar. Infelizmente, não dá para ajudar todo mundo que precisa, mas a gente tenta cobrir pelo menos uma parte.

Gostaria de realizar outros trabalhos sociais ligados ao esporte. Quem sabe eu ainda realize meu sonho de criar um centro de excelência, onde possamos dar oportunidade no futebol para os garotos simples, humildes, da periferia. Formar um craque. Acabar com a discriminação que coordenadores e treinadores de clube têm com a molecada pobre. Qualquer ser humano merece uma oportunidade. Mas o que acontece hoje é que tem gente tirando dinheiro de famílias pobres para federar um garoto e os abandonando à própria sorte, sem nenhum tipo de orientação, num mundo difícil e competitivo como é o do futebol.

A idéia desse centro é dar a oportunidade no futebol, mas também orientar aqueles que forem seguir carreira e, principalmente, formar cidadãos. Quem tem qualidade, tem. Quem não, se não puder seguir na profissão, que pelo menos tenha consciência de seus direitos e deveres e seja respeitado socialmente.

Outro projeto é fazer a Casa do Atleta, onde os ex-jogadores em situação financeira difícil possam encontrar um abrigo. Tenho vários colegas nessa situação. Gente que não tem onde dormir nem o que comer. Fica sempre dependendo de um amigo. A idéia é fazer uma casa onde se possa dar assistência, oferecer uma cama, uma televisão, uma cozinha.

Vou brigar por esse sonho até junto à Federação Paulista de Futebol. A FPF poderia destinar uma porcentagem da renda dos jogos para projetos assim. Essas pessoas que estão em situação difícil ajudaram a trazer o prestígio e o *status* que hoje os clubes e a federação desfrutam.

Quero aproveitar a boa vontade do doutor Marco Pólo Del Nero, presidente da federação, porque ele gosta muito dessa parte social. Eu e o Badeco (Ivan Manoel de Oliveira), presidente da Cooperativa, estamos planejando levar o projeto até ele, para ver como é possível viabilizá-lo. A estrutura nós podemos montar, administrar, de forma transparente, prestando contas. Tudo certinho. Mas precisamos do apoio da federação e de quem mais puder ajudar.

Sinto o trabalho social como uma missão minha, e pretendo levá-la adiante. O futebol me deu muita coisa. É hora de partilhar.

Este livro foi composto em Minion
para a Editora Planeta do Brasil
em maio de 2008